稀《き》代《たい》の宰相・安倍晋三のあの日、あの時

写真／山本皓一

父親譲りの温和な顔立ちの安倍元総理だが、「闘う政治家」を自認し、低迷していた日本経済や伝統・文化の復興を成し遂げた。

❶平成2年（1990）12月、旧ソ連モスクワのクレムリンにて。父・安倍晋太郎外務大臣（当時）の秘書官となった安倍元総理は、父に随行して20ヶ国近くを訪問した。のちに「地球儀を俯瞰する外交」と呼ばれた安倍元総理の外交手腕の基礎はこの時に養われた。

❷秘書官時代の安倍元総理と父・晋太郎氏。昭和57年（1982）、中曽根康弘政権で外務大臣に就いた晋太郎氏は、神戸製鋼所の東京本社に勤めていた安倍元総理を呼び出した。「オレの秘書官になれ」「いつからですか」「あしたからだ」。安倍元総理が政治の世界に足を踏み入れた瞬間だった。❸昭和62年（1987）6月9日、安倍元総理は松崎昭恵さんと結婚。媒酌人は福田赳夫夫妻が務めた。政治の世界を知らない昭恵夫人は、安倍元総理にわからないことを聞きながら勉強し、以降、公私にわたって安倍元総理を支えた。❹安倍元総理の若い頃の顔はよく母・洋子さんに似ていると言われたという。写真は洋子さんの部屋で撮影されたもの。安倍元総理は出かける前には亡父の仏壇の前で手を合わせたという。

❺父・晋太郎氏の急逝によって、安倍元総理は地盤を引き継ぎ、平成5年（1993）、衆議院議員総選挙旧山口一区（定数4）から出馬した。折しも時代は新党ブームに沸き、自民党からも多くの議員が離党し、新党を立ち上げた。苦しい初選挙戦だったが、安倍元総理はトップ当選を果たした。❻平成12年（2000）に森喜朗政権が発足すると、安倍元総理は内閣官房副長官となった。翌年の小泉純一郎政権でも再任され、平成14年（2002）、小泉総理（当時）に随行して北朝鮮を訪問。タフな外交手腕を見せ、拉致被害者5人の帰国を実現させた。

❼平成18年(2006)、自宅前で愛犬のロイくんと。ロイくんは安倍元総理が乗る車の音が聞こえると玄関で待機し、安倍元総理を出迎えた。そのため、安倍元総理の帰宅後の第一声は「ロイ、ただいま」だったという。

❽平成17年(2005)10月に発足した第三次小泉改造内閣では、官房長官に就任。初の入閣を果たした。「再チャレンジ推進会議」の議長となるなど、政権中枢で手腕を発揮した。❾初出馬当初は、人見知りだった安倍元総理だったが、その後は人との新たな出会いや新しいものを見ることを重視した。安倍元総理の「聞く姿勢」とチャーミングな笑顔は多くの人々をファンへと変えた。❿自民党総裁室での一枚。平成18年(2006)9月、安倍元総理は自民党総裁に選出され、戦後生まれ初の総理となった。第一次安倍政権では「美しい国創り」を掲げて、約50年ぶりに教育基本法の全面改正などを実現したが、持病の悪化から約1年で首相を辞任することになった。

⓫令和2年（2020）9月16日、安倍元総理は憲政史上最長となる連続在任日数2822日、通算在任日数3188日を記録し、辞任した。安倍元総理が持つ写真は、初出馬の時のもの。約30年の政治家としてのキャリアの中で、安倍元総理は数多くの実績を残した。

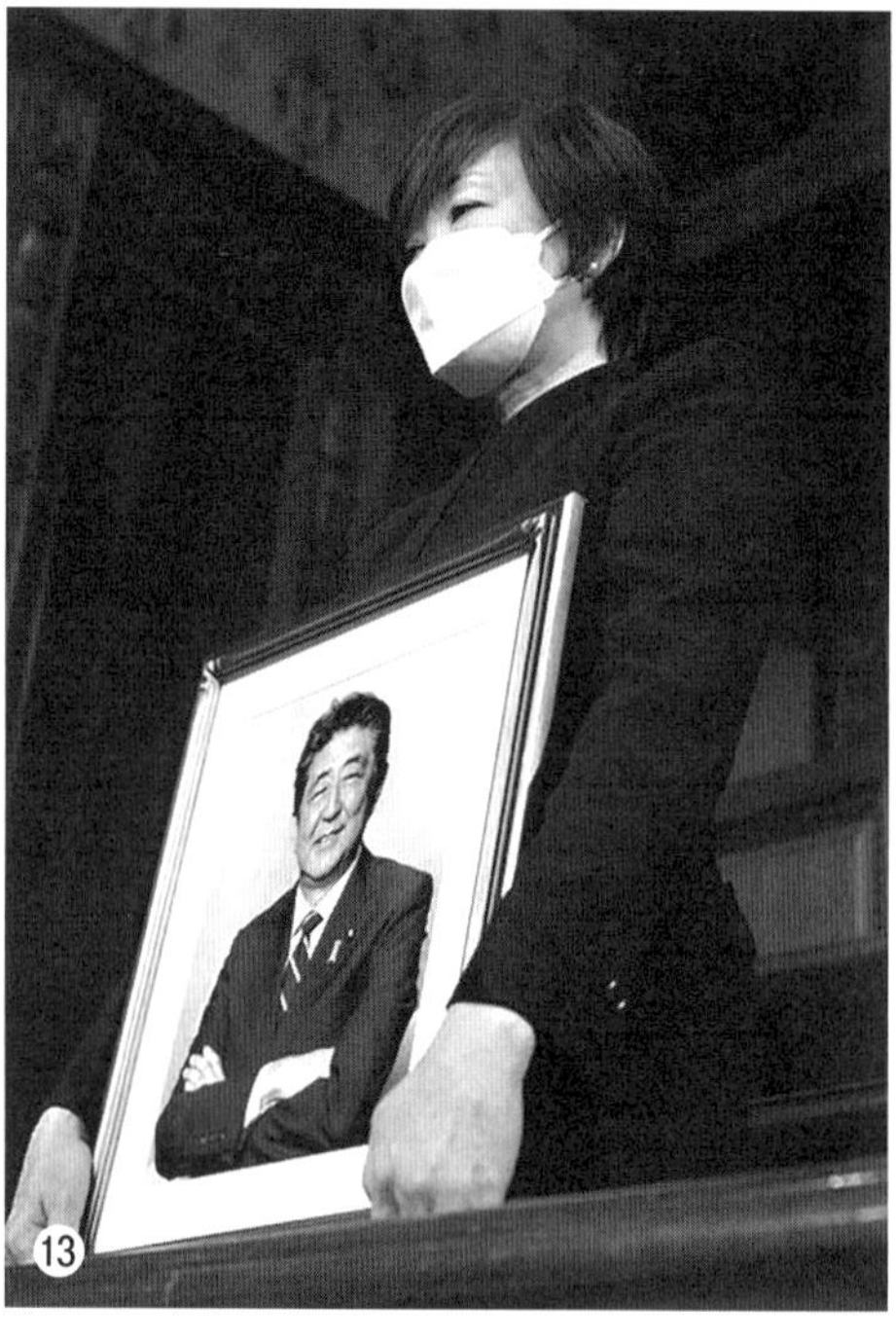

⓬40年以上にわたって安倍元総理を撮影し続けた山本皓一氏（右）。令和3年（2021）に撮影したポートレートは、衆議院本会議での追悼演説で昭恵夫人が遺影として掲げた。⓭令和4年（2022）10月25日、立憲民主党の野田佳彦元総理の追悼演説を聞く昭恵夫人。同年7月8日に67歳で逝去した安倍元総理は、9月27日に吉田茂元総理以来となる国葬で送られた。

安倍晋三
100の言葉

別冊宝島編集部 編

宝島社

はじめに

令和5年（2023）10月から始まったイスラエルのガザ地区紛争、令和6年（2024）元旦の能登半島地震、記録的な円安や物価高……、さまざまな政治的・経済的な危機に際して、多くの人々は思うことだろう。「もし安倍晋三元総理がいたら、どうしていただろう」と。

総理大臣の連続在任日数2822日、通算在任日数3188日は、憲政史上最長であり、金融緩和、財政出動などからなる経済政策、いわゆる「アベノミクス」によって日本経済回復への扉を開けた。アベノミクスでは、三本の矢が掲げられた。第一の矢＝金融政策、第二の矢＝財政政策、第三の矢＝成長戦略である。金融政策を第一に掲げたことは、画期的なことであり、株価は上昇し続けるとともに、雇用状況は劇的に改善。正社員有効求人倍率は、民主党政権時代の平成24年（2012）12月の0・50倍から、令和元年（2019）4月には2倍以上の1・16倍を記録した。アベノミクスの最後の目標である賃金の上昇が達成されるのを目前にして起きたのが新型コロナウイルス感染症の世界的な流行である。もしコロナ禍がなければ、アベノミクスは成功していたのではないだろうか。

外交面では、「地球儀を俯瞰《ふかん》する外交」で日本の存在感を世界に示し、アメリカのドナルド・トランプ大統領、ロシアのウラジーミル・プーチン大統領といった「クセ」のある国家元首と渡り合った。安倍元総理の訃報には各国の首脳が哀悼の意を表したことからも、その影響力の大きさがわかる。さらに、教育基本法の全面改正、特定秘密保護法や安全保障関連法の成立、内閣人事局の設立など、その功績は枚挙にいとまがない。第二次安倍政権発足から約7年8ヶ月の間、日本国民の多くは新しい日本の到来がすぐ近くにまで迫っていることを、感じていたことだろう。だからこそ、私たちは今なお、危機に直面すると「もし安倍元総理がいたら」と回顧するのだ。

令和6年（2024）4月、本書刊行にあたり、安倍昭恵夫人にご挨拶にうかがった。本書の趣旨を説明申し上げたところ、店頭発売日の6月14日は、今年亡くなられた、安倍元総理の御母堂・洋子さんのお誕生日だという。編集部一同、奇妙なご縁に身が引き締まる思いがした。短い時間ではあったが、昭恵夫人からは安倍元総理の思い出話をうかがった。ある時、昭恵夫人が「総理大臣になって一番やりたいことは？」と聞いたところ、真っ先に「憲法改正」を挙げたという。その悲願は実現こそしなかったものの、平成19年（2007）には、国民投票法を成立させ、自民党結党の目的である憲法改正への道筋を示した。こうした果断なる実行力を示す一方で、プライベートではチャーミングな一面もあった。趣味のゴルフでは、「1ホール、1ジョーク」というルールで、ホールごとにダジャレを連発して周囲を笑わせたという。

志なかばで凶弾に斃《たお》れた安倍元総理だが、その精神は多くの言葉として残されている。稀代の宰相・安倍晋三は何を語り、何を目指したのか。安倍晋三なき日本で生きる私たちは、今こそ安倍元総理が残した言葉から学ばなくてはならない。

別冊宝島編集部

目次

第1章

生き方

言葉

001

難病から回復して
総理大臣となった私には、
天命とも呼ぶべき
責任があると考えます。

平成26年（2014）、施政方針演説

令和4年(2022)、参議院選挙の街頭応援をする安倍元総理
写真:Pasya/アフロ

憲政史上最長の3188日もの首相在任日数を誇る安倍晋三元総理は、令和2年(2020)に辞任した。しかし、その後も経済や外交などで危機的状況になるごとに安倍元総理の再登板を期待する声が上がった。こうした「安倍晋三待望論」に対して、首相辞任後の安倍元総理は慎重な姿勢を取り続けた。

その背景には、総理大臣という職務は「天命」によって授けられるものという意識が強くあったからだ。第二次安倍政権が発足した平成26年(2014)の施政方針演説で、安倍元総理は右記のように語っている。ここには、「総理大臣」という国の舵取りを担う最重要ポストへの謙虚な姿勢がうかがえる。私的な野心を超えた、高い「公」の精神が安倍元総理の実行力の源泉だったのだ。

言葉

002

目の前の敵を倒すのは
ある意味では簡単だけれど、
自分の心の中にある
敵を倒すのは難しい。

平成29年（2017）、自民党仕事始め式

平成24年（２０１２）からスタートした第二次安倍政権では、いわゆる「アベノミクス」による経済政策によって経済は回復、株価は上昇した。これを受けて、平成26年（２０１４）の衆議院議員総選挙と平成28年（２０１６）の参議院議員通常選挙で自民党は勝利した。政権基盤が安定する中、平成29年（２０１７）１月５日、安倍元総理は自民党の仕事始め式で、１８０年前に乱を起こした大塩平八郎の言葉を言い換えて、「『目の前の敵を倒すのはある意味では簡単だけれど、自分の心の中にある敵を倒すのは難しい』というこの言葉を私自身の戒《いまし》めにしながら、常に緊張感をもって、国民の信頼があってこその我々、自民党、安倍政権なのだという気持ちで一歩一歩皆さまと共に進んでいきたいと思います」と語った。己の心の中の慢心や驕《おご》りに対して、常に向き合いながら、初心を忘れずに国民からの期待に応える姿勢がうかがえる。

言葉

003

自信喪失が次の一歩を踏み出すうえで大きな壁になってしまう、そのことを身をもって体験しました。

『月刊Ｈａｎａｄａ』セレクション「ありがとうそしてサヨナラ安倍晋三元総理」

平成24年（２０１２）12月16日の衆議院議員総選挙で自民党は大勝し、第二次安倍政権がスタートした。第一次安倍政権時には、閣僚の失言からメディアなどの激しいバッシングに苦しめられた安倍元総理だが、こうした逆風に対して見事カムバックしたのである。第一次安倍政権の挫折した直後について、安倍元総理は右記のように語り、その後、多くの支援者から温かい言葉をかけてもらったことで、「自分自身もっともっと研鑽を積まなければならない」と政策の勉強をし直した。その学びの中で、日本には本格的なマクロ経済政策が求められていることに思い至り、第二次安倍政権以降に行われた、いわゆる「アベノミクス」につながったという。人生の逆境に対して、人は悲観し、さらなる深みにはまってしまうことがある。しかし、そのような中でも腐らず、やがて人生が好転することを信じて歩み続けることの重要性を、誰よりも知っているからこそその言葉だ。

言葉

004

今でも「あのときはこうするべきでは
なかったか」と思い返す事も
少なくありません。
そうしたことのひとつひとつを
ノートに書き留めて、この五年間、
折に触れて読み返してきました。

文春新書『新しい国へ　美しい国へ 完全版』より

平成24年（2012）に再び総理大臣の座に就いてから、安倍政権は憲政史上、歴代最長の約7年8ヶ月（連続在任日数2822日）も続いた。その間、若者の就職内定率が過去最高水準を記録し、中小企業の倒産がバブル期並みの低水準となった。なぜ、安倍政権は国民の多くから支持されて数々の功績を残せたのか。そこには、皮肉にも第一次安倍政権の挫折が大きく影響している。安倍元総理は、雌伏《しふく》していた5年間に反省点をノートに書き続けた。そして、わずか1年で終わった第一次安倍政権について、「挫折も含めて、あのときの経験が私の政治家としての血肉となっていることを実感しています」と記している。人は成功体験にばかり固執しがちだが、挫折から学ぶことは多い。第一次安倍政権の挫折は、第二次安倍政権の「成功」へとつながったと言えるだろう。

言葉

005

私も一度谷底に落ちて
厳しい批判をいただきました。
しかしそこからもう一度
人生をやり直すことができる
ということを私が身をもって
示していきたいと思います。

平成24年（2012）、記者会見

平成24年（2012）12月16日、自民党は衆議院議員総選挙で大勝し、与党へと返り咲いた。これを受けて、翌17日、安倍元総理は記者会見に臨んだ。そこで、今回の勝利について、「自由民主党に信任が戻って来たということではなく、民主党政権による3年間の間違った政治主導による政治の混乱と停滞に終止符を打つべく、国民の判断だった」と謙虚に受け止め、自らのカムバックに重ねて、疲弊した日本の復興について強い決意を語った。第一次安倍政権では、難病指定されている潰瘍《かいよう》性大腸炎の悪化によって、政権を手放すことになったが、その後開発された新薬によってカムバックを果たした安倍元総理が、同じく難病に苦しむ人々に向けて発したのが右記の言葉だ。第一次安倍政権では、就職や起業で失敗した人が再び活躍できる社会を目指す、「再チャレンジ」が主唱されたが、安倍元総理は身をもってその範《はん》を示したのである。

言葉

006

私が特別優れていたわけでは
ありません。
私よりも優れた
仲間たちがいたからであります。

令和4年（2022）、近畿大学卒業生へのスピーチ亡くなる約4ヶ月前の令和4年（2022）3月31日、安倍元総理は近畿大学東大阪キャンパスで卒業生に向けてスピーチを行っている。安倍元総理は、首相に返り咲いたことについて、「それは決して私が特別優れた人間だったからではありません。残念ながら特別強かったからでもない。ただ一点、決して諦めなかったからであります。そして、諦めない勇気をもらったからなんです」と語った。その勇気とは、東日本大震災の被災地を懸命に復興しようとする人々の姿だったという。さらにカムバックできたもう一つの理由として「私よりも優れた仲間たちがいたから」と語り、「その仲間の多くは第一次政権で同じように失敗をし、挫折をし、悔しい思いをし、唇を噛んだ。それが生かされたんだと思います」と続けた。この年の卒業生の多くはコロナ禍における学生生活を強《し》いられた。しかし、この苦しい思いを共有し培った絆こそが、未来への希望となると語ったのである。

言葉

007

経験を伝えるに、
寛容であれ、
経験を学ぶのに、
謙虚であれ。

平成25年（2013）、第19回国際交流会議「アジアの未来」

国際交流会議「アジアの未来」は、アジア・太洋州地域の政治・経済界のリーダーが持続的な発展について話し合う国際会議である。平成25年（2013）5月23日、東京都千代田区の帝国ホテルで行われた第19回の会議で、安倍元総理はアジア・太洋州地域では、都市を中心とした同じような発展の経過をたどっていると同時に、貧富の差やインフラ整備の不備、環境汚染といった共通する問題を抱えていると述べている。こうした問題を解決するために安倍元総理は右記のように語り、アジア各国とのパートナーシップを深めることを提言した。そして「アジアの未来とは、学び合う未来だとも、定義したいと思います。経験を伝えるに寛容で、学ぶに謙虚なアジアです。それを伸ばしていくことが、私たち、一国をあずかる者の使命です」と続けた。この言葉には、どのような状況にも冷静に対処し、人の意見をよく聞く安倍元総理の姿勢がよく表れている。

言葉

008

一人ひとりが、自信を持って、
それぞれの持ち場で頑張ることが、
世の中を変える
大きな力になると信じます。

平成26年（2014）、施政方針演説

安倍元総理は、それまでの慣習や既得権益に怯《ひる》むことなく、さまざまな規制を緩和するなど、日本の政治を大きく前進させた。その原動力となったのは、「公」の精神、すなわち「国民や世界のために貢献すること」への情熱である。第一次安倍政権では、閣僚からの失言からメディアからバッシングを受けた。こうした教訓から第二次安倍政権の人事では、日本のためになるかどうかを考えて、「適材適所」を徹底したという。安倍元総理は、歴代の他の内閣と異なり、「サプライズ人事」がほとんどなかった。また、時として「お友だち内閣」とメディアから揶揄《やゆ》された安倍政権だが、それまでの内閣のように、派閥や当選回数に応じて大臣ポストを配分することなく、重要閣僚については「続投」が多かったのも特徴だ。政策を進めるためには、能力と信頼の両方を兼ね備えた人材が求められる。単に選挙のための人気取りのための人事ではなく、「公」の精神に重点を置いて選んだためだろう。

言葉

009

もし皆様が私を、
右翼の軍国主義者と
お呼びになりたいのであれば、
どうぞそうお呼びいただきたい
ものであります。

平成25年（2013）、ハーマン・カーン賞受賞の際に

第一次安倍政権時代には、メディアの安倍元総理へのバッシングが加熱し、このことがその後の民主党への政権交代の一因となった。この時の経験について安倍元総理は、人格攻撃も含めてつらいことが多かったという。こうしたバッシングは第二次安倍政権以降も続いた。特に左翼勢力から多かったのが、「右翼」「軍国主義者」というバッシングだ。平成25年（2013）、安倍元総理はアメリカのシンクタンクが主宰するハーマン・カーン賞を受賞したが、その際のスピーチで、こうしたバッシングについて右記のように語った。そして、積極的平和主義の重要性について述べ「いまや私にはわかりました。私に与えられた歴史的使命とは、まずは日本に再び活力を与えること、日本人にもっと前向きになるよう励ますこと、そうすることによって、積極的平和主義のための旗の誇らしい担い手となるよう、促していくことなのだと思います」と力強く宣言した。いかなる不当な批判にも、必要なことは断固として行う決意が読み取れる。

言葉

010

運は、自分で手放してしまうこともある。
手放したものを握り返そうとしても、
砂を握るみたいに、
手の中でぼろぼろ落ちていくのです。
潮目は、一瞬で変わる。
そうならないように、
常に最善を尽くすことが大事なのです。

『安倍晋三回顧録』より

第一次安倍政権発足時、安倍総理は小泉元総理から「安倍君、政治は運だよ。俺を見ろよ」と言われたという。ところが、第一次安倍政権時代にはこの「運」の重要性について、それほど意識していなかったようだ。「運」とは、時代の流れや世論の大きなうねりとも言えるだろう。同じ政策や仕事でも、タイミングが合わなければ無駄になることもある。こうした反省から、第二次安倍政権以降は、「運」への認識が大きく変わる。安倍元総理は「絶対にチャンスを逃さないというつもりで、運をつかみに行く。そして手放さない。後ろに引いたら、一瞬で終わりです」とも語っている。運には幸運もあれば不運もある。そのため、人は時として躊躇《ちゅうちょ》してチャンスを逃してしまうことがある。安倍元総理は運への鋭い感覚と、その運を恐れずにつかみに行く勇気を持ったのである。第二次安倍政権以降、自民党は6回の国政選挙に勝利した。安倍元総理の運への嗅覚と行動力が発揮された結果と言えるだろう。

言葉

011

失敗をくりかえした末に悟った
信頼の大切さや
失敗をのりこえることによって
体得した強さは、
少年たちの人格を形成する幹となり、
これからの人生を支えていくに
違いありません。

「安倍内閣メールマガジン」第21号より

平成19年（2007年）3月15日のメールマガジンで、安倍元総理は広島県の少年院を訪問した際の感想を綴《つづ》っている。全国の少年院の少年の再非行率は約3割だが、この広島少年院を出院した少年の再非行率は約1・1％、少年院送致率は0％という保護観察結果を出していた。かつて過ちを犯し、一歩ずつ立ち直る少年たちとの会話を通して、安倍元総理は、「『もう絶対に人生を間違えないように一歩ずつ歩んでいきたい』と語る少年の純粋な目を見ていると、私も目頭が熱くなりました」と述べている。第一次安倍政権が発足した平成18年（2006）、戦後間もなく制定された教育基本法が初めて全面的に改正された。そこでは、心身の発達に応じて、体系的な教育を行うことがうたわれている。安倍元総理は、国の根幹を担う子どもへの熱い思いを常に持ち続け、第二次安倍政権以降も、幼児教育や保育、高等教育の無償化などを実現している。

言葉

012

人間うまくいっているときもあるし、
なかなかうまくいかないときもある。
そういうときにお互いに励ましあったり、
助け合ったりするのが大切だと思います。

平成18年（２００６）、東京都新宿区の小学校を訪問した際に

平成18年（2006）12月7日、安倍元総理は東京都新宿区の小学校を訪れ、子どもたちと歓談した。安倍元総理は「もし友だちがいなくてひとりぼっちの子がいたら、ぜひ声をかけてあげてください。私が子どものときにそういうことができなかったことを、今でも後悔しています」と語り、友情の大切さについて優しく語りかけた。安倍元総理の友人・武藤正司氏は、安倍元総理は大学時代、同期や後輩からも慕われており、「私の家内がアーチェリー部で彼の2年後輩なのですが『いちばん相談しやすい先輩は安倍さん』とよく言っていました」と語っている（成蹊学園ホームページ）。リーダーシップとともに思いやりも兼ね備えた安倍元総理には自然と人が集まっていたようだ。ちなみに成蹊大学の体育会本部の会計局長を務めていた安倍元総理は、「1976年度体育会誌役員紹介」で、「体育会の『火の車』の台所をあずかり、四苦八苦。しかしこの経験は将来政界でもきっと役立ちますよ」と語っている。

言葉

013

現在と未来にたいしてはもちろん、
過去に生きたひとに対しても
責任をもつ。（中略）
それこそが保守の精神ではないか、
と思っている。

文春新書『新しい国へ　美しい国へ 完全版』より

安倍元総理は保守の政治家として知られていたが、いわゆる左翼が言う『国家主義者』とは異なる。安倍元総理は著書で右記のように述べ、「いいかえれば、百年、千年という、日本の長い歴史のなかで育まれ、紡がれてきた伝統がなぜ守られてきたのかについて、プルーデント（良識的）な認識をつねにもち続けること」と定義している。歴史や伝統をプルーデントに捉える姿勢の原点は青年時代から持ち続けていたようで、「歴史を単純に善悪の二元論でかたづけることができるのか。当時（大学生）のわたしにとって、それは素朴な疑問だった」と語っている。歴史、すなわち過去に対して、百年、千年の視点を持つことは、未来に対しても百年先、千年先の視点を持つことになる。政治家は、目下の危機に対処することも大切だが、近視眼的になってしまってはいけない。安倍元総理は過去から未来への俯瞰的、大局的な視座を持った稀代の政治家と言えるだろう。

言葉

014

同じ感動をしたり、
同じ体験をしていることは、
自分たちがアイデンティティに
向き合ったり、日本人としての
誇りを形成していくうえでも
欠かすことのできない
大変重要な要素です。

『月刊Hanada』2021年8月号

歴史や伝統を捉えるために必要なことについて、安倍元総理は、令和3年(2021)に行われた東京オリンピック・パラリンピックを例に挙げて、右記のように述べ、「『共有する』、つまり国民が同じ思い出を作ることはとても大切なんです」と語っている。安倍元総理の悲願が憲法改正だったことはよく知られているが、憲法はその国の人々のアイデンティティを表すものでもある。高度経済成長によって経済的な独立を果たした日本だったが、その一方で、郷土への愛着や愛国心は軽んじられるようになった。そこで第一次安倍政権では、憲法とともに占領時代に制定された教育基本法を約50年ぶりに全面改正した。憲法改正こそ実現できなかったが、「公共の精神」「伝統と文化の尊重」「愛国心」といった戦後に軽視されてきた価値観が取り戻され、「精神的な独立」の第一歩を実現したと言えよう。

言葉

015

御霊《みたま》を悼《いた》んで平安を祈り、
感謝を捧げるに、言葉は無力なれば、
いまは来《こ》し方《かた》を思い、しばし瞑目《めいもく》し、
静かに頭《こうべ》を垂《た》れたいと思います。

平成25年（2013）、全国戦没者追悼式

安倍元総理は、国のために命を捧げた人々に常に尊崇《そんすう》の念を表してきた。第二次安倍政権が発足して最初の全国戦没者追悼式では、「貴い命を捧げられた、あなた方の犠牲の上に、いま、私たちが享受する平和と、繁栄があります。そのことを、片時たりとも忘れません」と語り、頭を垂れた。安倍元総理は、第一次安倍政権ではできなかった靖國《やすくに》神社参拝をこの年の12月26日に行っている。この前年の全国戦没者追悼式では、野田佳彦総理（当時）は「先の大戦では、多くの国々、とりわけアジア諸国の人々に対し、多大の損害と苦痛を与えました」とし、反省の弁を述べた。日本と連合国との間の戦争行為でアジア各国の人々に多くの被害をもたらしたことは事実だが、慰霊の場で英霊の加害責任を追及するような発言は控えるのが常識だろう。民主党政権で行われた政治目的の発言から一変した安倍元総理の式辞は、遺族会をはじめとする多くの人々に感動を与えるものだった。

言葉

016

国民に深い愛情がなければ、
政治家の資格はないでしょう。
しかし、その優しさが
弱さにつながってしまっては
ならないと思うのです。

『致知』2006年4月号

平成18年（２００６）９月26日に第一次安倍政権が発足するが、その半年前に安倍元総理はテレビ東京解説員（当時）の篠原文也氏との対談を行っている。小泉政権の官房長官となった安倍元総理は、篠原氏から「安倍さんには、例えば拉致問題などで人に対する深い思いやりを感じる面がある一方、政策を語る時などは非常に毅然としていますよね。その落差が大きくて、どちらが本当の安倍さんかという声もよく耳にします」と話をふられると、右記のように答えた。安倍元総理には熱い情熱と、現実を冷静に直視するリアリストとしての二つの側面がある。政治家はしばしば揮毫《きごう》（色紙などに文字を書くこと）を頼まれるが、当時、安倍元総理は「不動心」と書いていたという。国民への「深い愛情」に根ざした確固たる決意こそが安倍元総理の「不動の心」の源泉だったのだろう。

言葉

017

(三島由紀夫事件について)当時、
世の中はやや三島をピエロにしようと
いう雰囲気がありましたよね。
しかし、自分の命に懸けて
人に訴えることの意味は
やはり大きいのではないか。

『週刊ポスト』2005年8月19・26日合併号

昭和45年（1970）11月25日、作家の三島由紀夫は陸上自衛隊市ヶ谷駐屯地で東部方面総監を拘束し、バルコニーで自衛隊員に演説後、割腹《かっぷく》自殺を遂げた。この三島事件が起きた当時、安倍元総理は高校生だった。安倍元総理には、三島が割腹前に叫んだ「生命尊重以上の価値の所在を諸君の目に見せてやる」という言葉が深く心に刻まれたという。安倍元総理は三島に特別傾倒していたわけではなかったが、自分自身は生命尊重以上の価値があることに命を投げ出すことができるのかということを自問自答したと語っている。当時は学生運動全盛の末期であり、テロや内ゲバなど過激さを増していた時期だった。こうした中で三島事件は左寄りのメディアによって滑稽《こっけい》な行為として報じられたのである。安倍元総理は、たびたびメディアから激しいバッシングを受けたが、発言がブレることはなかった。そこには、10代の頃に強い印象を受けた三島事件の影響が少なからずあったのだろう。

言葉

018

登場するまでマリオの格好をして
二十分ぐらい待っていたんです（笑）。

『月刊Hanada』2021年8月号

平成28年（2016）のリオ・オリンピックの閉会式で、安倍元総理は土管からスーパーマリオの姿で登場。大きな喝采を浴びた。
写真：AP/アフロ

安倍元総理は、断固とした政治姿勢を持つ一方で、チャーミングでユーモアを介する人物でもあった。平成28年（２０１６）に行われたブラジルのリオデジャネイロオリンピックの閉会式で、安倍元総理は世界的に有名なゲームのキャラクター・スーパーマリオに扮して登場し、会場を大いに沸かせた。これは森喜朗大会組織委員会会長（当時）から要請されたものだった。スーパーマリオのコスプレは大好評で、各国の首脳からこのエピソードについて聞かれ、時には子どものためにとサインを求められることもあったという。

言葉

019

人間は必ずしも、
立派な側面だけではない。
けれど、そのために立派になろうと
する姿勢が大切なのだ。

『東京人』2012年6月14日臨時増刊号

平成24年（2012）は、安倍元総理の母校・成蹊学園が100周年を迎えた年であり、旧友の映画監督・馬場康夫氏と対談を行っている。その中で2人は小学校の恩師である野村純三氏について語っている。平成18年（2006）、第一次安倍政権下で教育基本法の全面改正が行われたが、その際、野党議員からの「あなたは教師を敵対視している」という指摘に、安倍元総理は「私は野村先生のような教師に出会ったことによって、人生が変わったと思っている」と答弁している。その野村先生から学んだ教訓こそが右記の言葉だ。この対談で安倍元総理は、吉田松陰の言葉を引用し、「学問とは、人である理由を学ぶことだといっています。改めて考えると、そういうことも含めて、野村先生は教えてくれたのかもしれません」とも述べている。教育基本法の全面改正には、「公」の精神が掲げられたが、そこには小学生の時の野村先生の教えが深く根ざしていたようだ。

言葉

020

自分の身の回りであったり、
地域であったり、あるいはもっと
大きく世界の発展のために
何かできないか、（中略）
そのことこそ志だと思います。
それは必ずしも
大きな志でなくてもいい。

『We Believe』2006年12月号

第一次安倍政権時代、安倍元総理は日本青年会議所（ＪＣＩ）の広報誌のインタビューを受けている。ＪＣＩは、20歳から40歳までの青年を会員として社会貢献を目的とする組織である。このインタビューで安倍元総理は、国際貢献ができる者の条件として、日本人としての誇りを掲げ、「恥を知る」ことの重要性について述べている。そして、「私たち人間は、自分たちをおとしめていくことによって、ちょっとした恥ずかしいことをやったって平気になってしまうんだろうなと思います。自虐的になっては世界に真の貢献ができません」と語っている。その上で、高い志を育む必要性を訴えた。そして、「自分の利益だけのため、自分だけがよければというのは決して志ではないし、たとえば偉くなりたい、その地位・役職に就きたい、というだけでは志だとは言えない」と述べ、右記のような志を求めた。さまざまな法改正に躊躇することなく取り組めたのは、安倍元総理の高い志があったからなのだ。

言葉

021

一人でできることには
限りがあります。
いくら信念があっても、
私一人で声を上げるだけでは、
何の成果も生み出すことは
できなかった。

『PRESIDENT』2021年10月15日号

安倍政権の高い実行力は、安倍元総理の能力によるものだけではなく、安倍元総理を支える仲間の存在も不可欠だった。総理大臣を退任した翌年のインタビューで、安倍元総理は政権運営をともに行った仲間について語っている。安倍元総理は謙虚に「一介の議員ならもちろん、たとえ一国の総理大臣であるといっても、一人でできることには限りがあります」と語っている。第一次安倍政権の挫折後も多くの人々が安倍元総理を支え続け、やがてそうした仲間とともに官邸に戻ってくることができた。安倍元総理はこうした仲間と信頼関係を築くことができた理由として、二つを挙げている。一つは、「国のために尽くしたい」という信念を共有したこと、もう一つは安倍元総理自身が仲間を心から信頼していたことである。安倍元総理のリーダーシップとは、まず自らが相手を信頼することで、相手がそれに応えるという形で発揮されたと言えるだろう。

言葉

022

私は朝日新聞を敵だと思ったことはありません。むしろ「鍛えていただいてありがとう」という気持ちです。

『月刊Hanada』2018年2月号

安倍政権に対して、最も厳しい姿勢で臨んだメディアの一つが朝日新聞だった。安倍元総理は平成30年（２０１８）のインタビューでは、「政治家は常に、批判と向き合いながら仕事をしていく宿命にあります。総理であれば特にそうです」として、右記のように朝日新聞について語った。令和３年（２０２１）のインタビューでは、「メディア、特に朝日新聞からは長年にわたり、批判され続けることになりました。驚くべきことに、党や政府の要職に就く前の３回生議員の頃に、朝日新聞の社説で、名指しで批判されたこともありました。しかし、もし私が批判されることを恐れて自説を引っ込め、戦うことをやめていたら、今の私はなかったでしょう」（『ＰＲＥＳＩＤＥＮＴ』２０２１年10月15日号）とも語っている。平成以降、安倍元総理ほどメディアの批判にさらされた政治家はいないだろう。そうした中で、安倍元総理は政治家としてのタフネスを培っていったと言える。

言葉

023

演説で私はできるだけ
聴衆の人たちと
目を合わせるようにしています。

『月刊正論』2015年7月号

安倍元総理がスピーチをする際には、原稿をもとに自宅で何時間も練習を行い、演説中には聴衆の目を見て語ることを心がけていたという。平成27年（2015）にアメリカ連邦議会上下両院合同会議で行ったスピーチでは、スタンディングオベーションが沸き起こった。スピーチ中、目が合った民主党のナンシー・ペロシ議員は、安倍元総理が「女性に力をつけ、もっと活躍してもらう」と述べると、間を置かずに立ち上がって拍手を送ったという。心を打つスピーチは、安倍元総理が単に文章を朗読するのではなく、聴衆の一人一人に向き合っていたからこそ、生まれたのだ。

アメリカ連邦議会上下両院合同会議でスタンディングオベーションを受ける安倍元総理
写真：AP/アフロ

言葉

024

長州の先輩方の写真を見るたびに「晋三、しっかりやっとるか！」と叱咤激励《しったげきれい》されているような気がします。

『月刊Hanada』2020年2月号

安倍元総理の地元は、衆議院山口県第四区の長門《ながと》市だ。山口県は長州藩があった地であり、多くの明治維新の志士や政治家を生み出した。令和元年（2019）11月20日に総理大臣の在任日数が桂太郎元総理を抜いて憲政史上最長となったことについて、インタビューで郷土の大先輩である桂元総理への思いを語っている。桂元総理は、日露戦争の講和条約であるポーツマス条約調印を「弱腰」と批判され、日比谷焼討事件が起きた。この桂元総理に対して、「人材を適材適所に配置し、リーダーシップを発揮して成果を出していった」と評価している。首相公邸には歴代の総理大臣の肖像写真が掲げられているが、山口県出身者は安倍元総理を含めて8人を数える。こうした肖像写真を目にするたびに、安倍元総理は「私も恥じぬ仕事をしなければいけない」という思いを新たにしたという。リーダーは時にその権力によって盲目となり、暴走する。そうした中で、安倍元総理は郷土の大先輩の視点を意識して、自らを省みていたのである。

言葉

025

政治家というのは、
自分の発言でたとえば命を狙われる。
しかしその発言が正しいと思ったら、
それをすべきであって、（中略）
そういうリスクをとれる者でなければ、
政治家になるべきではない。

『週刊ポスト』2005年8月19・26日合併号

令和4年（2022）7月8日午前11時31分、安倍元総理は大和西大寺駅前（奈良県奈良市）で参議院議員通常選挙の街頭応援演説を行っていたところを銃撃された。安倍元総理は信念の政治家であり、常に「命懸け」であらゆることにあたっていた。そのことがわかる言葉を、第一次安倍政権発足前の平成17年（2005）に残している。安倍元総理はインタビューで右記のように語り、実際にメディアなどのバッシングに怯むことなく力強い言葉を発し続けた。ただし、安倍元総理は闇雲に発言していたわけではない。安倍元総理はインタビューで、中国・孟子《もうし》の格言「自ら反《かえり》みて縮《なお》くんば千万人といえども吾往《われゆ》かん」という言葉を例に、「自分で自分のやろうとしていることをほんとうに大丈夫なんだろうかと自省しながら、その上でということなら、吾往かん、と。やはりその前の慎重な姿勢というのが大切なんです」とも語っている。

平成24年(2012)12月26日、自民党・安倍総裁(当時)は衆参両院本会議で首相に指名された。政治の世界では異例のカムバックである。
写真：Natsuki Sakai/アフロ

第２章

家族

言葉

026

（政治家一家に生まれて）

嫌だと思ったことは一回もないです。むしろ、誇らしく思っていました。

『読売ウイークリー』2004年2月22日号

平成16年(2004)の参議院選挙に幹事長として臨んだ安倍元総理
写真：ロイター/アフロ

安倍元総理の祖父は岸信介元総理、父は自民党幹事長や外務大臣を務めた安倍晋太郎氏、大叔父は佐藤栄作元総理という、日本有数の政治家一族に生まれた。平成15年（2003）、小泉純一郎総理（当時）によって、3回生議員だった安倍元総理は自民党幹事長に抜擢された。ここから安倍元総理は、「政界のプリンス」「将来の総理大臣候補」として注目されるようになった。こうした期待に対して、安倍元総理はプレッシャーを感じることなく、「ありがたいこと」として自らの原動力に変えた。

言葉

027

（外のデモ隊のシュプレヒコールをマネして）
祖父や父を前に、ふざけて
「アンポ、ハンタイ、アンポ、ハンタイ」
と足踏みすると、父や母は
「アンポ、サンセイ、といいなさい」
と、冗談まじりにたしなめた。

文春新書『新しい国へ　美しい国へ 完全版』より

学生運動全盛期に首相を務めた岸信介総理（当時）は、メディアなどから「悪い政治家」の代名詞とされ、幼少期の安倍元総理は「お前のじいさんはA級戦犯の容疑者じゃないか」という心ない言葉をよく言われたという。特に昭和35年（1960）に改定された日米の新安保条約では、学生を中心とする60年安保闘争を巻き起こし、岸総理の私邸の周辺には連日、「アンポ、ハンタイ！」のシュプレヒコールをあげるデモ隊が押し寄せた。幼い安倍元総理が「アンポって、なあに」と尋ねると、岸総理は「日本をアメリカに守ってもらうための条約だ。なんでみんな反対するのかわからないよ」と語ったという。平成27年（2015）の安全保障関連法案の審議をする国会前に数万人のデモ隊が集まったが、安倍元総理はポピュリズムに陥ることなく、毅然と法案を成立させた。日本のための政策を断固として行う姿勢の原点に、祖父や父の背中があったことは間違いない。

言葉

028

60年安保の時も、南平台の私邸が
大勢のデモ隊に囲まれ騒然とするなか、
祖父はいつもと同じように
私たち孫と遊んでくれました。

『読売ウイークリー』2004年2月22日号

第 2 章

家族

左が祖父の岸信介元総理、右が父・安倍晋太郎氏、中央で祖母・岸良子さんに抱かれているのが安倍元総理（1956年）
写真：毎日新聞社

安倍元総理は祖父・岸信介元総理の思い出についてたびたび語っている。60年安保闘争では、岸元総理の南平台の私邸がデモ隊に囲まれて外出できなくなった。そのため、安倍元総理をはじめとする孫たちを呼んで、鬼ごっこや馬乗りをして遊んだという。当時のことを安倍元総理は「祖父は『昭和の妖怪』と形容されたこともありましたが、孫からすれば優しい祖父でした」と語っている。

言葉

029

父と一番話をしたのはまさに、
父が病気になってから。（中略）
父は私に
「政治家はなかなか大変だけどね、
覚悟決めてやれば何とかなるよ」
と言ってくれました。
言ってみればそれが遺言ですね。

『婦人公論』2020年12月22日・2021年1月4日合併号

総理大臣の職を辞した2ヶ月後のインタビューで、安倍元総理は父・安倍晋太郎氏について「一番影響を受けたのはやはり父親かもしれません。（中略）親の背中を見て子が育つというように、政治家としてこの国をよくしたいという思いに駆られました」と語っている。自民党幹事長も務めた晋太郎氏は、自民党総裁、その先の総理就任を目指していたが、志なかばで膵臓《すいぞう》がんを発症し、平成3年（1991）に67歳で逝去した。当時、安倍元総理は連日、病室を訪れ、父と時間をともにした。ある日、晋太郎氏が領袖《りょうしゅう》を務める派閥・清和会の4人の重鎮が訪れた。後継者指名から脱落しないように、4人は誰一人帰ろうとしない。やがて、そのうちの一人である森喜朗氏が4人揃って帰ることを提案して、その場はおさまったという。政治の厳しい現実を、若き安倍元総理は目の当たりにした。右記の言葉はその時、晋太郎氏から安倍元総理に語られたものである。

言葉

030

政治家というのは
一筋縄ではいかないということを
子供ながらに知りましたね。

『婦人公論』2020年12月22日・2021年1月4日合併号

安倍元総理はよく、父・晋太郎氏に似ていると言われた。岸元総理を父に持つ晋太郎氏もまた「政界のプリンス」だったが、政治家としてのキャリアは順風満帆だったわけではない。昭和38年（1963）の衆議院選挙では次点で落選した。小学3年生だった安倍元総理は当時のことを、「落選して2、3ヵ月は家の中がどんよりして。（中略）政治家というのは一筋縄ではいかないということを子供ながらに知りましたね」と語っている。一度落選した人間は絶対に総理になれないというジンクスがあり、晋太郎氏は大きなショックを受けていたようだ。しかし、晋太郎氏は地元の有権者を一軒ずつまわり、約3年3ヶ月後に衆議院議員に返り咲いた。安倍元総理は第一次安倍政権の挫折からのカムバックが知られるが、それは幼い頃から政治の現実の厳しさを肌で感じ取っていたからだろう。挫折に負けない不屈の精神は、親子二代で培われたものとも言えるのだ。

言葉

031

傘もささず、全身ずぶ濡れで
必死に遊説《ゆうぜい》していると、
その姿を見かけた方々から
励ましの暖かい言葉を頂きました。
（中略）あの恵みの雨から私は
国政に送り出されたのです。

『新潮45』2003年8月号

初選挙に臨み、有権者をまわる安倍元総理
写真：山本皓一

父・晋太郎氏が67歳で急逝したことで、平成5年（1993）、38歳の安倍元総理は、衆議院議員総選挙で旧山口一区から立候補した。この選挙は、自民党から離党した議員たちが新政党や新党さきがけなどを結党して「新党ブーム」が沸き起こった。

かつてないほどの自民党への逆風の中で、安倍元総理は初の選挙に臨んだのである。政治家としての厳しい道のりは、初選挙の時から始まったと言えるだろう。

言葉

032

《政治家は、自らの目標を達成させるためには淡泊であってはならない》
——父から学んだ大切な教訓である。

文春新書『新しい国へ　美しい国へ 完全版』より

中曽根康弘政権で外務大臣に就任した晋太郎氏は、39回外遊をしているが、安倍元総理はそのうち20回ほどに同行している。晋太郎氏はハト派の政治家と見られているが、安倍元総理の目からは非常に気が強い人物であり、外交の厳しい現場を巧みに切り抜けるタフな政治家だった。特に大きな功績は、冷戦末期の旧ソ連との外交である。ソ連崩壊の1年前の1990年1月、晋太郎氏を団長とする訪ソ団が派遣され、ミハイル・ゴルバチョフ書記長と会談した。ゴルバチョフ書記長は、北方領土の返還請求は日本の「固有の権利」と認め、晋太郎氏は桜が美しく咲く翌年春の来日を求めた。翌年、大統領となったゴルバチョフ氏が来日。この時、晋太郎氏は膵臓がんを患っており、体重は15kgも減っていた。晋太郎氏は痩せた体を見せないように下着に詰め物をして面会した。ゴルバチョフ大統領は「約束を果たしました。桜がそろそろ咲きますよ」と語ったという。晋太郎氏が亡くなったのは、それから1ヶ月後のことである。

言葉

033

父と同じ道を選んだ私にとっては、
父ならどう決断したか、
これが最も大きな拠《よ》り所です。

『致知』2006年4月号

安倍元総理が政治の世界に足を踏み入れたのは、昭和57年（1982）のことである。外務大臣に就任した晋太郎氏は、神戸製鋼所の東京本社に勤めていた安倍元総理を呼び出し、「オレの秘書官になれ」と言ったという。安倍元総理が「いつからですか」と聞くと、「あしたからだ」と言う。こうして安倍元総理は政治の世界への第一歩を踏み出した（文春新書『新しい国へ　美しい国へ　完全版』より）。平成18年（2006）、小泉政権の後継として総裁選出馬前の安倍元総理は、インタビューで父の存在について語っている。安倍元総理は迷った際には、「父ならどう決断したか」を考えたという。そして、「父はよく、『本《もと》立ちて道生ず』と言っていましたが、まず自分の中にそういう確固たる信念があってこそ道はひらけるのだと思うんです」と晋太郎氏の言葉を大事にした。この年、第一次安倍政権が発足。父・晋太郎氏の総理大臣への悲願を息子の安倍元総理が果たしたのだ。

言葉

034

私は、顔は（岸元首相の長女の）母に似ていると言われますが、最近、地元では「父に感じが似てきた」と言われるようになりました。

『読売ウイークリー』2004年2月22日号

平成15年(2003)、晋太郎氏が眠る安倍家の墓を訪れる母・洋子さんと昭恵夫人
写真：大久保千広/アフロ

安倍元総理は、昭和29年（1954）に衆議院議員・安倍寛《かん》氏の長男である安倍晋太郎氏と、岸信介元総理の長女・洋子さんとの間に生まれた。安倍元総理が憲政史上最長の在任日数となった際に、洋子さんは「あなた、政治はいつまでやるかじゃなくて、何を成し遂げたかが重要なのよ」と諫《いさ》めたという。夫である晋太郎氏と安倍元総理の選挙や政治活動に長年、助力した洋子さんは、令和6年（2024）2月4日、95歳で逝去した。

言葉

035

あのときは、こんなことがあったね。

『月刊Hanada』セレクション「ありがとうそしてサヨナラ安倍晋三元総理」

昭和62年(1987)6月に行われた結婚式の様子。媒酌人は福田赳夫夫妻が務めた。
写真：山本皓一

安倍元総理と昭恵夫人との出会いは、昭和59年（1984）のことで恋愛結婚だった。当時、秘書官として多忙だった安倍元総理だが、外遊から帰国するとたくさんのお土産を買ってきたという。昭和62年（1987）、新高輪プリンスホテルで結婚式が盛大に執り行われた。40年以上にわたって安倍元総理を撮影し続けた山本皓一氏は、この式に『週刊ポスト』のカメラマンとして立ち会っている。令和3年（2021）、山本氏は首相退任後の安倍元総理に未発表の写真をまとめたアルバム「Shinzo GRAFFITI」をプレゼントした。結婚式をはじめ、これまでの歩みが写された写真の数々を、安倍元総理は懐かしそうに見ていたという。

言葉

036

俺が行ったら
帰してもらえないかもしれないな。

『FRIDAY』2003年1月3日号

平成2年（1990）に自民党の訪朝団が北朝鮮を訪れ、金日成《キムイルソン》主席と面会しているが、日朝国交正常化交渉が進むことはなかった。そのような状況で安倍元総理の存在感が国民の間に大きく示されたのが、平成14年（2002）9月17日に電撃的に行われた小泉総理（当時）の北朝鮮訪問である。内閣官房副長官だった安倍元総理は、この訪朝に同行することになった。北朝鮮の拉致問題が日本社会にも明らかにされ、さらに前年の12月には、海上保安庁の巡視船と北朝鮮の工作船との交戦事件が起きていた。厳しい交渉となることは間違いなく、過去に暗殺やテロなどの数々の国際犯罪を行ってきた北朝鮮への訪問は、どのような不測な事態が起きるかわからなかった。訪朝の直前、安倍元総理は昭恵夫人に厳しい外交交渉が予想され、命の危険が伴うことを伝えたという。自らの命に代えてでも拉致被害者を取り戻すという悲壮なまでの決意を昭恵夫人に残し、安倍元総理は訪朝したのである。

言葉

037

私は若干人見知りのところがありますね。（中略）気軽に「皆さん、よろしく」なんて言えばいいんだけど、なかなか言えないんです。そうすると家内に、背中押されて指示されるんですよ。

『月刊kamzine《カムジン》』創刊号

安倍元総理は「人と会うのが嫌いな人は政治家にならないほうがいい」とたびたび語っているが、政治家になった当初は生来の「人見知り」から苦労したという。自民党幹事長時代の平成16年（2004）のインタビューでは、「政治家は人見知りではダメなんですけど、私は若干人見知りのところがありますね。初めて選挙に出た時も、あちこち知らない人の家に行って挨拶するわけですが、冷たくされちゃったりして」と答えている。そんな安倍元総理を陰ながら後押ししたのが昭恵夫人だった。安倍元総理は「食事の時なんかも、レストランに入ったら厨房の中にいる人に向かって、気軽に『皆さん、よろしく』なんて言えばいいんだけど、なかなか言えないんです。そうすると家内に、背中押されて指示されるんですよ」と思い出を語っている。

言葉

038

（昭恵夫人について）ずーっと
一心同体でやってきましたから
信頼しています。

『週刊女性』2003年10月28日号

平成28年（2016）、山口県で行われた日露首脳会談で昭恵夫人をロシアのプーチン大統領に紹介する安倍元総理
写真：代表撮影/ロイター/アフロ

安倍元総理の政治活動には、昭恵夫人の存在は不可欠だった。安倍元総理はインタビューで昭恵夫人について右記のように語り、一心同体の秘訣《ひけつ》を「一緒の目標を持つことです。ウチの場合は選挙に勝つこと。また、なるべく話をするようにしている」と述べている。安倍元総理が自民党の要職に就くようになって以降は全国に遊説することが多くなったが、その際に地元・山口県の選挙活動を支えたのが昭恵夫人だった。

言葉

039

（弱音を吐きたくなった時は）

たいてい妻に話します。
励まされることもあれば、
批判されることもあって。（笑）

『婦人公論』２０１４年１月22日号

多くの仲間に支えられた安倍元総理であるが、行政の長である総理大臣はさまざまな決断を迫られる立場でもある。そのような中で弱音を吐ける相手が昭恵夫人だったという。ある時には、昭恵夫人が「そういう弱音を吐くんだったら、あなた総理辞めなさいよ。やりたい人はほかにもいるでしょ」と語り、弱気になった安倍元総理の心を鼓舞したという。（『婦人公論』２０２０年12月22日・２０２１年１月４日合併号）。

平成25年（２０１３）の首相官邸のＦａｃｅｂｏｏｋでは、安倍元総理がユーモアを交えて「11月22日は、『いい夫婦の日』。『家庭の幸福は、妻への降伏。』これが我が家の夫婦円満の秘訣です。家族の支えがあってこそ、男性も女性も良い仕事ができます。日本の元気は、元気な家庭から。強い日本を取り戻すベースです」と語っている。

宰相という孤独な立場を支えた昭恵夫人への信頼がうかがえる言葉だ。

言葉

040

（自民党総裁戦への出馬の時）

妻だけが「国のためになるのだったら、やったらいいいんじゃないの」と。その言葉で挑戦を決意したのです。

『婦人公論』2014年1月22日号

安倍元総理が奇跡のカムバックを果たし、第二次安倍政権がスタートした陰には、昭恵夫人の後押しがあったことは有名な話だ。安倍元総理は折に触れて、平成24年（2012）の総裁選への再出馬の時の昭恵夫人とのエピソードを語っている。当時、安倍元総理は完全に自信を取り戻したわけではなく、また、もし総裁選に破れたら首相への道は二度となくなる。安倍元総理の支持者や同僚議員、母や兄、親戚のいずれからも「ここで負けたら一巻の終わり」と総裁選への出馬に反対されたという。そのような中で、「国のためになるのだったら、やったらいいんじゃないの」と昭恵夫人だけが安倍元総理の背中を押した。こうして憲政史上最長となった安倍政権が誕生したのである。

平成14年（2002）に撮影された一枚。右奥が母の洋子さん、左奥が安倍元総理夫妻、手前が弟の岸信夫元防衛相一家。写真：山本皓一

第3章

仕事

言葉

041

わたしは政治家を見るとき、
こんな見方をしている。
それは「闘う政治家」と
「闘わない政治家」である。（中略）
わたしは、つねに「闘う政治家」
でありたいと願っている。

文春新書『新しい国へ　美しい国へ 完全版』より

第3章

仕事

第一次安倍退陣から第二次安倍政権発足までの約5年間の試練を経て、安倍元総理の顔は劇的に変わった。

安倍元総理といえば、甘いマスクに温和な表情という印象を抱いている人が多いことだろう。その一方で、必要なことは積極的に発信・実行する「闘う政治家」だった。象徴的なのは、安全保障関連法などに関連する国会前の大規模デモである。平成27年（2015）8月30日に行われたデモは3万人（主催者発表12万人）を超え、騒然とした。そうした中であっても、安倍元総理は法案を成立させた。現在、この二つの法律は日本の安全保障に大きな役割を果たし、批判する声はほとんど聞かれない。

言葉

042

I am back, and so shall Japan be.
（私はカムバックしました。
日本も、そうでなくてはなりません。）

平成25年（2013）、アメリカ・ワシントンの中道保守系シンクタンク・CSIS大会議室

第二次安倍政権発足からわずか2ヶ月ほどで安倍元総理はアメリカに渡り、中道保守系シンクタンクでスピーチを行った。この訪米は、民主党政権時代に大きく損なわれた日米間の信頼関係を取り戻すためのものだった。この前年、リチャード・アーミテージ元国務副長官や国際政治学者のジョゼフ・ナイらが、「日本は二級国家になってしまうのか」と懸念する報告を出していた。これに対して、安倍元総理は日本の復活を高らかに宣言して、自ら行う経済政策、いわゆる「アベノミクス」について紹介した。そして最後に再び「みなさん、日本は戻ってきました。わたしの国を、頼りにし続けてほしいと願うものです」と述べ、スピーチを締め括った。ちなみにこの2ヶ月後に麻生太郎副総理兼財務大臣（当時）もCSISでスピーチを行い、冒頭で「I am back, too（私も戻ってきたからね）」と述べ、大いに笑いを誘った。安倍元総理の力強い「I am back, and so shall Japan be.」の言葉は、強く印象付けられていたのだ。

言葉

043

私たちは、現状に満足してはいけない。
数の上にあぐらをかいて、
立ち止まってはいけません。

平成27年（2015）、記者会見

平成27年（2015）9月24日に行われた自民党の衆参両議員総会で、安倍元総理の総裁再選が無投票で確定した。約2年9ヶ月の政権運営で、雇用状況や中小企業の倒産状況は改善され、停滞していた日本経済に活力が取り戻されようとしていた。こうした中で、安倍元総理は自民党の両院議員の前で、「新・三本の矢」を発表し、経済政策、子育て支援、社会保障の新たな目標と政策を打ち出した。そして、安倍元総理は右記のように語り、政治のさらなる前進を促したのである。外交面では、この年の12月に慰安婦問題の日韓合意（後に韓国側が破棄）、翌年5月にはG7伊勢志摩サミットを成功させた。こうした実績を受けて行われた7月の参議院議員通常選挙では自民党は圧勝した。政治の世界に限らず「現状維持」は後退を意味することが多い。政治的安定は「守り」からは生まれない。チャレンジし続ける政治姿勢があったからこそ、長期の安定政権を維持できたのだ。

言葉

044

初の戦後生まれの総理として、
国政を預かる重責を与えられたことに、
身の引き締まる思いです。（中略）
身命を賭して、
職務に取り組んでまいります。

平成18年（2006）、所信表明演説

憲政史上最長の首相在任期間を記録した安倍元総理だが、実は第一次安倍政権では、もう一つの「史上初」があった。それが、「初の戦後生まれの総理大臣」という点だ。安倍元総理が生まれたのは、終戦から9年後の昭和29年(1954)で、戦後復興とその後の急激な経済成長で社会が激変していく中で育った。一方で、経済優先で多くの文化や伝統が軽んじられ、「日本人の誇り」に目を瞑《つぶ》って経済成長にばかり邁進した時代でもあった。戦前の政治家の多くが「敗戦の負い目」を感じるのに対して、戦後生まれの政治家はかつてあった「日本らしさ」を語ることができる。第一次安倍政権は道半ばで挫折するが、「美しい日本」への道は第二次安倍政権に引き継がれた。現在では、多くの外国人が日本の魅力に惹かれ、日本を訪れる。かつて日本人が捨てようとしていた「美しい日本」が確かに復活した証しと言えるだろう。

言葉

045

首相は常に最前線で
風を受けているわけです。
逆風を受けても、
前に進んでいくんだ、
という強い気持ちが必要です。

『安倍晋三回顧録』より

総理辞任後にインタビューが行われた『安倍晋三回顧録』では、辞任した理由を次のように語っている。「首相は常に最前線で風を受けているわけです。逆風を受けても、前に進んでいくんだ、という強い気持ちが必要です。これはダメかもしれないと弱気になった瞬間には、もう交代すべきなのです」。憲政史上、最も長くこの逆風を受け続けたのが安倍元総理である。安倍元総理による2度の総理辞任はいずれも、持病である潰瘍性大腸炎の悪化が原因だ。第一次安倍政権では、「国のトップが弱さを見せるべきではない」という考え方から持病を隠して辞任を発表したことで「投げ出し」と批判された。そのため、令和2年（2020）の辞任の際には、持病の悪化を公表した。後日、安倍元総理は山口県にある父・晋太郎氏が眠る墓を訪れ、「総理の職を終えました」と報告したという。

言葉

046

隊員が濡れるのなら
最高指揮官だって濡れる。
当たり前だろう。

『月刊Hanada』2023年8月号

平成30年(2018)、最高指揮官として自衛隊中央観閲式に出席した安倍元総理。
写真：アフロ

自衛隊の最高指揮官でもある総理大臣は、3年に1度行われる自衛隊中央観閲式に出席し、数千人の隊員を巡閲する。ある年の自衛隊中央観閲式では天気予報が雨だったため防衛事務次官の島田和久氏（当時）が、濡れることを心配したところ、「隊員が濡れるのなら最高指揮官だって濡れる。当たり前だろう」と返した。自衛隊員との絆と信頼関係を重視した安倍元総理ならではの言葉だ。

また『安倍晋三回顧録』では、首相の条件として「自衛隊の最高司令官が務まるかどうか、が重要だと思う」と語っている。

言葉

047

いついかなるときであろうとも
危機管理に全力を尽くし、
国民の生命と財産を守り抜く。
もとより当然のことであります。

平成29年（2017）、記者会見

平成29年（2017）9月、安倍元総理は衆議院を解散した。この年は2月から9月にかけて毎月、北朝鮮によるミサイルの発射実験が行われた。このうち、8月と9月の発射では、ミサイルが北海道上空を越えて太平洋に着弾。アメリカのドナルド・トランプ大統領が北朝鮮の金正恩《キムジョンウン》のことを「ロケットマン」と呼び、武力行使を示唆するコメントを出した。また、この年の2月には、マレーシアで金正男《キムジョンナム》が暗殺されるなど、改めて北朝鮮の凶悪性があらわになり、国際的な緊張感が高まっていた。このような中、安倍元総理は9月25日の記者会見で衆議院の解散を発表。同月28日の本会議で衆議院は解散した。安倍元総理は「国難突破解散」と名付け、危機感が高まる北朝鮮への圧力路線やアベノミクスの成果、さらに自身の森友学園問題・加計学園問題などについて信を問うことにした。この選挙が、安倍政権下で行われた最後の国政選挙となった。

言葉

048

我が国の未来を拓くことができるのは、
人々の耳目《じもく》をひくような
パフォーマンスではありません。
耳触りがいいスローガンでもありません。
政策です。政策の実行です。

平成29年（2017）、記者会見

安倍政権下で行われた最後の衆議院議員総選挙は、メディアや野党によって「モリカケ問題」が執拗にクローズアップされる中で行われた。この選挙では、衆議院議員の定数が10削減された。自民党案では定数の削減は2020年以降とされていたが、安倍元総理は前倒ししたのである。そのような中で行われた衆議院議員総選挙で自民党は、前回と同じ議席数を確保、小選挙区では比例復活を含めて全員が当選する大勝となった。自民党が総選挙において3回連続で過半数の議席を獲得したのは約50年ぶりであるとともに、自民党結党以来初のことだった。メディアや野党からの批判とは裏腹に、経済・外交・安全保障で成果をあげ続ける安倍政権に対して、国民は改めて信任をしたのである。「弱者に厳しい」という批判が安倍政権にはしばしば向けられたが、この選挙では「全世代型社会保障」や「働き方改革」が掲げられ、その後、社会保障政策が推進された。

言葉

049

（政策の実行をゴルフに例えて）

取るべき道は一つしかありません。迷わずアドレスを決め、センターに向かって振り抜くことです。

平成25年（2013）、イギリス・ロンドンのギルドホール

安倍元総理はゴルフ好きとして知られ、アメリカのドナルド・トランプ大統領とコースをまわる様子は世界で報道された。平成25年（2013）にイギリスで行われたG8サミットの会場は、北アイルランドのロック・アーンとなった。このロック・アーンにはゴルフ場があり、安倍元総理はゴルフに例えてリーダーが持つべき決断力を示した。このゴルフ場の最終ホールは、距離は短いが、ボールが左に寄ってしまうとホテルのテラスを直撃し、反対に右に寄ってしまうとOBになってしまう。さらに手前には池がある。つまり、このホールでは真っ直ぐに、さらに力一杯ボールを打つ必要がある。左右にブレたり、弱気になって力をゆるめてしまえば、うまくいかないのだ。安倍元総理は、右記のように述べたのちに「これは、世界のあらゆるリーダーに求められる試練と同じである」と主張した。安倍政権の果断な判断と実行力がよく表されたたとえと言える。

言葉

050

一緒に叡智を集めましょう。
想像力をはばたかせましょう。

平成25年（２０１３）、サウジアラビアのキング・アブドルアジーズ大学

令和2年(2020)、再びサウジアラビアを訪れ、サウマーン皇太子と会談する安倍元総理
提供:Bandar Algaloud/Courtesy of Saudi Royal Court/ロイター/アフロ

第二次安倍政権以降に安倍元総理が訪れた国と地域は、延べ176にのぼる。約7年8ヶ月もの長期政権だったこともあるが、これほど多くの国を訪れた日本の首相はいない。単純計算で毎月ほぼ2ヶ国を巡っていることになる。ちなみに民主党政権の約3年3ヶ月での外国訪問数は、延べ35で、安倍政権はその約2倍のペースで外国訪問をしていたことになる。さらに安倍元総理が日本の首相として初めて訪れた国は20を超える。各国要人との信頼関係の構築は国際的な日本のプレゼンスを大きく高めた。

言葉

051

政治家にとって大切なことは、
国のために語っているかどうかです。
「スピーク・フォー・ジャパン」
の精神を貫いているか否《いな》か、
常に自らに問い続けなければ
いけないと思います。

『致知』2006年4月号

安倍元総理は、地元・山口県出身の偉人、特に長州藩の吉田松陰や高杉晋作を尊敬していたことが有名で、インタビューでもたびたびその言葉を引用している。では、尊敬する外国の政治家は誰か。平成18年（2006）のインタビューで、安倍元総理はイギリスの元首相ウィンストン・チャーチルを挙げ、「時局を読んで大きな決断をするところや、自由な発想をするところ、さらには社会保障制度の充実にも尽力するなど、見習うべき点が多い」と語っている。また、この時のインタビューでは、第二次世界大戦前、ヒトラーに対して妥協することを主張する首相ネヴィル・チェンバレンに押し切られそうになったアーサー・クリーンウッドに、ある議員が「スピーク・フォー・イングランド」と語るエピソードを紹介している。クリーンウッドはこの言葉に励まされ、ヒトラーに立ち向かうことを主張し、イギリスの世論が変わった。「国益」のためにひるまない姿勢は安倍元総理にも共通する理念と言えるだろう。

言葉

052

その努力に、「安住の地」などないのです。

平成25年（2013）、自衛隊中央観閲式

安倍元総理は、積極的な外交で日本の国際的なプレゼンスを高める一方で、安全保障分野における「備え」についても整備を進めた。その一つが平成25年（２０１３）に設置された国家安全保障会議、いわゆる日本版ＮＳＣである。国家安全保障会議は総理を議長として、官房長官、外務大臣、防衛大臣の4名で構成され、情報を共有し、対外政策の方向性を決定する会議である。これは外交と安全保障の一体化を意味する。同年の自衛隊中央観閲式で、安倍元総理は「平和は、他人の力によってもたらされるものではない。私たち自身の力で実現する他ありません。そして、その努力に、『安住の地』などないのです」と述べ、自衛隊の最高指揮官として、「私は、諸君と心を一つにして、国民の生命と財産、そして我が国の領土・領海・領空を、断固として守り抜く決意であります」と語った。安倍元総理は有事が訪れないことが最善とした上で、有事に備える必要性も説いたのだ。

言葉

053

官邸を十分に経験しているから、
首相になってもやっていけると
思っていたのですが、
そうした考え方は、うぬぼれでした。

『安倍晋三回顧録』より

安倍元総理は、森政権から小泉政権にかけての約3年間、官房副長官を務め、第三次小泉政権では官房長官を約1年間務めた。そのため、官邸の仕事については熟知していた。それにもかかわらず、第一次安倍政権が挫折した理由の一つを、右記のように語っている。実際には官房長官と総理大臣の職はまったくの別物で、総理大臣は官房長官ではさばけない案件や、それ以外にも日々新たな問題に直面することになる。安倍元総理は、「総理大臣となって見る景色は、官房長官や副長官として見るものとは、全く別だった」という。そして、自らの判断が人の生死を左右することから「首相と官房長官の重圧の差は計り知れません」と語っている。挫折に終わった第一次安倍政権での経験について、安倍元総理は、「あの1年間は、普通の政治家人生の15年分くらいに当たるんじゃないかな」と述懐している。こうした重圧や失敗は、安倍元総理が「稀代の宰相」となった最大の糧《かて》となったのだ。

言葉

054

ノーアウト満塁で
マウンドに立った私は、
自分の信じる球を目いっぱい
投げ込んできたつもりであります。

平成26年（2014）、記者会見

平成26年（2014）の年頭の記者会見で、安倍元総理は約1年前の第二次安倍政権スタート時を振り返って、当時の心境を右記のように語った。約3年3ヶ月の民主党政権によって、日米関係は大きく損なわれ、経済は疲弊した。デフレ経済からの脱却、東日本大震災の復興や新たなエネルギー政策、TPP（環太平洋パートナーシップ）協定など問題が山積みで、まさにノーアウト満塁の危機的状況だった。安倍元総理は平成25年（2013）2月に、「三本の矢」による経済政策、いわゆる「アベノミクス」を実施し、4月には日銀が異次元の金融緩和を開始した。この年の12月の有効求人倍率は、前年12月の0・5から約2倍の1・03を記録し、約6年3ヶ月ぶりに1倍台を回復。冬のボーナスは平均で約3万9000円上昇した。また9月には東京オリンピックの開催が決定された。3・11以降、重苦しい空気に包まれていた日本社会の雰囲気が、劇的に変わった1年だったことを記憶している人も多いことだろう。

言葉

055

政治というものは、
情熱と判断力を駆使して、
硬い岩盤にぐいぐいと力を込めて
穴をあけていくような行為です。

『PRESIDENT』2021年10月15日号

安倍元総理の大きな功績の一つに、官僚主導から政治主導へと転換し、内閣府に権力を集中させてさまざまな政治改革を行った点がある。右記の言葉に見られるように、実際に安倍元総理は官僚機構や既得権益にさまざまな風穴をあけていった。それが実現できた理由を、安倍元総理は、「私が父の地盤を引き継いだ世襲議員であることから、『ほかの候補者よりもアドバンテージ（優位性）がある以上、言うべきことは言わなければならない』と考えてきたことによります」と語っている。議員の世襲はネガティブな文脈で語られることが多いが、安倍元総理は世襲議員であるからこその務めがあると考えた。安倍元総理の高い実行力は、こうしたノブレス・オブリージュ（社会的地位が高いものには社会貢献の義務があるとする考え）の精神を持っていたからとも言えるだろう。

言葉

056

決断を先延ばしすることで、とりあえず小康状態に保つこともできるし、日本の政治は、かつてはそれをやっていた。(中略)しかし、今は通用しない。

『中央公論』2005年9月号

小泉純一郎元総理は、平成13年（2001）の自民党総裁選で「自民党をぶっ壊す」と声高に唱えて勝利した。その後、約5年5ヶ月にわたる長期政権となったが、時として総理と自民党とが対立するケースが少なからずあった。こうした党内からの批判に対して、当時、小泉政権の中枢にいた安倍元総理はインタビューで、右記のように述べている。そして、「（党内の）全員が満足する政策はありえない中で、比較的短い時間で総理の決断が迫られる。これは小泉政権であろうとなかろうと求められることになる」と語っている。官邸主導を進めた安倍元総理のやり方もまた、「官邸主導」「政高党低」と言われ、自民党内から不満の声が出ることもあった。安倍元総理は、小泉政権下でスピード感ある強いリーダーシップの必要性を実感したからこそ、官邸主導の政権運営を行ったのだろう。

言葉

057

いくら立派な仕組みや組織ができ上がったところで、そこで働く官僚と私の間に信頼関係が構築できていなければ、うまくいくわけがありません。

『安倍晋三回顧録』より

安倍元総理は、左翼や野党、メディアなどから「右翼」「タカ派」といったレッテルを貼られ、批判を受けた。強いリーダーシップを発揮したことから、反対勢力からは強権的で高圧的な人物として映るのだろう。こうしたことから、安倍元総理が「国際会議で外務省の役人を怒鳴った」といった根拠のない情報を一部のメディアがまことしやかに報じることもあった。ところが、安倍元総理は、神戸製鋼所に勤めていた社会人時代から声を荒げたことは一度もなかったという。安倍元総理は官僚との関係について右記のように語り、そして、国会がない日には、スタッフと触れ合う機会をできるだけつくり、雑談をしたり昼食を共にした。一方で、第一次安倍政権では官邸主導が実現したとは言い難かった。そのため第二次安倍政権では、内閣人事局を発足させ、政治構造を大きく変化させた。内閣が人事権を持つことで、省益に反する政策に対して官僚が妨害することを防ぎ、政治家の決定に対して官僚が従う仕組みにしたのだ。

言葉

058

政治主導の確立で官僚が
やる気を失ってはいけません。
まさに指導者の指導力と
器量が問われています。

平成30年（2018）、総裁選における共同記者会見

安倍元総理が、官邸による政治主導を進めた理由は、「省益あって、国益なし」という状況の打破にあった。各省庁が既得権益を守ることで、政府が掲げる政策が進まない事態を避けるためである。その一方で、巨大な官僚機構がうまく機能しなければ政策の実行は叶わない。そこで設立されたのが、内閣人事局である。ただし、安倍元総理は実際に官僚の人事に政府が介入するということはほとんどありえないとし、人事権という「抜かずの宝刀」を持つことの必要性を強調した。平成30年（２０１８）の自民党総裁選での記者会見では、石破茂候補が内閣人事局について触れ、「政治による過度の介入で官僚が萎縮するような体制では、官僚が国民のために働くことにならない」と述べた。これを受けた安倍元総理の言葉が右記である。この言葉は一般社会にも通じる。経営者は人事権を握っているが、社員がやる気を出すかどうかは、リーダーの指導力と器量にかかっているのだ。

言葉

059

情熱を燃やし続けなければ
いけません。
その情熱に惹かれて、
人々が集まってくる。

『中央公論』2020年9月号

安倍元総理が辞任する意向を示したのは、令和2年（2020）8月28日のことだ。安倍元総理は、その直後のインタビューで自らの政権を総括している。安倍元総理は、長期に政権を維持できた要因として、「マックス・ヴェーバーが『職業としての政治』の中で情熱、判断力、責任感の三つを挙げています。判断力、責任感も重要ですが、私はとりわけ『情熱』が大切だと思います。様々な困難を乗り越え、政権を維持し続けるには情熱を燃やし続けなければいけません」と語っている。安倍元総理がかつてカムバックできたのも、この情熱があったからだ。同インタビューでは、第一次安倍政権の挫折後に「自分はこれをやらなければならない、やりたいんだと情熱を燃やしていました。すると、一度失敗した私に、『もう一度やってみろ』と応援してくれた皆さんがいました。そのおかげで、今の私があります」とも語っている。「情熱」は人を惹きつけ、夢を実現するために、何よりも必要なものなのだ。

言葉

060

（反省ノートについて）

時間がたっぷりあったので、毎日ではないが、書き続けていました。いろんな政治家の名前が出てくるから、外には出せません。

『安倍晋三回顧録』より

第一次安倍政権の挫折後、安倍元総理はさまざまな教訓などをノートに記した。その中には、「人事は常に流されず」「政策が正しくても優先順位が正しくないと実行できない」といったものがある。第一次安倍政権と第二次安倍政権以降の政策の方向性は基本的には変わっていないが、実行するための手法は大きく変わった。首相退任後、安倍元総理は、第一次安倍政権では「自分でやりたいようにやる」という考えから、党内に配慮や目配りができなかったことへの反省の弁を述べている。その失敗から学んだことが、政策を実行するためには政策の正しさだけでなく、しっかりとした手順、戦略、人事が必要である点だ。安倍元総理の祖父・岸元総理は生前、「もう一度総理になれたら、もっと上手《うま》くやるのに」と語っていたという。安倍元総理は、祖父には叶わなかったチャンスをつかむとともに、教訓をノートに書き続けたことで、第一次安倍政権の挫折を第二次政権の糧に変えたのである。

山口県でのお祭りに参加する安倍元総理
写真：山本皓一

第4章

外交・人間関係

言葉

061

外交は、単に周辺諸国との
二国間関係だけを見つめるのではなく、
地球儀を眺めるように世界全体を
俯瞰《ふかん》して、（中略）戦略的な外交を
展開していくのが基本であります。

平成25年（2013）、所信表明演説

安倍元総理の外交は「地球儀を俯瞰する外交」と呼ばれるが、このことを述べたのが、第二次安倍政権発足後間もない平成25年（２０１３）１月28日に行われた所信表明演説である。この宣言のとおり、第二次安倍政権以降、延べ１７６もの国と地域を訪問した。２０１４年３月、ロシアはウクライナのクリミア半島を武力併合した。安倍元総理は、その翌年６月にドイツで行われたG７サミットに先立って、日本の総理大臣として初めてウクライナを訪問し、ペトロ・ボロシェンコ大統領（当時）と会談し、協力を申し出ている。安倍元総理は、第二次政権以降もロシアのウラジーミル・プーチン大統領との対話を重ねていた。一方で、武力による現状変更には強い危機感を持っていた。ウクライナ訪問は、ロシアを刺激することになりかねない。しかし、単に日露の関係だけを見るのではなく世界の秩序の安定の観点から、ウクライナ訪問を行ったのだ。こうした安倍元総理の外交センスは、その後も発揮された。

言葉

062

対立は対話をやめる理由には
なりません。
むしろ課題があるからこそ、
対話をすべきであります。

平成27年（2015）、記者会見

平成27年（２０１５）６月にドイツのエルマウで行われたG７サミットでは、ウクライナ問題がクローズアップされた。２０１４年にウクライナで親ロシア政権が崩壊すると、ロシアはウクライナのクリミヤ半島に軍事侵攻して、ロシアに編入した。安倍元総理はG７サミットで、「力によって一方的に現状が変更される。強い者が弱い者を振り回す。これはヨーロッパでもアジアでも世界のどこであろうと認めることはできません」と述べる一方で、各国に対話への努力を促し、右記のように呼びかけた。安倍元総理は、プーチン大統領ともたびたび会談し、平成28年（２０１６）には、北方領土問題を「新しいアプローチ」で解決することで合意した。プーチン大統領は自らの感情を文章にすることはほとんどないが、安倍元総理が亡くなった際には、「この素晴らしい人物についての記憶は、彼を知る全ての人の心に永遠に残るでしょう。尊敬の気持ちを込めて　ウラジーミル・プーチン」と異例の弔電を送っている。

言葉

063

（トランプ大統領やプーチン大統領との関係について）

自然体で対応しています。日本の政界にも個性の強い方は多いですからね（笑い）。

『月刊正論』２０１８年３月号

令和元年(2019)、柔道観戦をする安倍元総理とプーチン大統領
写真：代表撮影/ロイター/アフロ

安倍外交の特徴として、首脳同士とお互いの通訳の4人のみで行う「テタテ外交」が挙げられる。従来の日本の外交は、事前に事務方が意見の調整を行い、首脳同士の会談は最終確認を行う儀式的な側面が強かった。これに対して安倍元総理は、最終決定権がある首脳同士で話し合い、相手の本心を読み自らの真意を伝えた。また安倍元総理は、各国首脳を親しみを込めてファーストネームで呼ぶことが多かった。外交は利害関係だけでなく、あくまで人間同士によるものということをよく理解していたと言える。

言葉

064

首脳同士が信頼関係を構築する上で大切なのは、互いに心を開くようにすることでしょう。

『安倍晋三回顧録』より

安倍元総理は「地球儀を俯瞰する外交」を展開し、多くの国々を訪問し、各国首脳との信頼関係を築いてきた。なかでも世界を驚かせたのは、「アメリカ第一主義（アメリカ・ファースト）」を掲げる、アメリカのドナルド・トランプ大統領（当時）との密接な信頼関係だ。同盟関係があるヨーロッパ各国の首脳はトランプ大統領の独自の主張に振り回され、たびたび対立していた。トランプ大統領は政治経験がまったくなく、安倍元総理にとっても初めて会うタイプの政治家だったという。安倍元総理は、首脳同士が信頼関係を構築するためには、心を開くことが必要と考え、「私は自分の考えをトランプに正直に伝えるように心がけたし、トランプも、多くの課題について本心を私に話してくれたと信じています」と語っている。トランプ氏との電話会談は、長い時は1時間半にも及んだが、その内容は共通の趣味のゴルフの話だったり、他国の首脳の批判だったりしたという。

言葉

065

外交交渉において、
一番やってはいけないことは、
二元外交、三元外交になって、
相手が気に入ることを競争するかの
ように約束してしまうことです。

『週刊現代』2005年1月15日号

平成29年(2017)、アメリカでトランプ大統領と握手する安倍元総理
写真：ロイター/アフロ

二元外交とは、意思や決定権が一元化されていない外交のことで、複数のルートからの外交交渉である。意思決定機関がいくつもあった場合、相手から信用されなくなるのは当然だろう。その危険性については安倍元総理は、平成17年（2005）のインタビューで、多元外交は「最も危険なことで、相手の信頼を勝ち取るために、交渉当事者が仲間内で競争するようなマネをすると、どんどん国益が失われていきます」と語っている。

言葉

066

相手がどれくらい
政治力を持っているのか
〝値踏み〟することは必要で、
我々もやっています。
それがとりたてて失礼だとは
思っていません。

『月刊Hanada』2021年7月号

安倍元総理は、トランプ大統領（当時）との信頼関係が有名だが、その前代のバラク・オバマ大統領（当時）とも良好な関係を築いた。ただし、雑談好きなトランプ大統領に比べ、オバマ大統領はビジネスライクな政治家であり、ジョークを言ってもすぐに本題に戻したという。オバマ大統領は、民主党政権下で鳩山由紀夫総理（当時）の「トラスト・ミー」発言や菅直人総理（当時）のＴＰＰ交渉の遅延などで、日本の政治家に対して強い不信感を持っていた。そのため、最初はこちらを値踏みする姿勢で会談が行われた。さまざまな交渉で、「シンゾーはそのように言うが、本当に大丈夫か」と問われるシーンがよくあったという。オバマ大統領はビジネスライクだからこそ、第二次安倍政権が実績を示すようになると、安倍元総理を深く信頼するようになった。各国首脳に友人がいなかったと言われるオバマ大統領だが、大統領を辞めたのちに来日した際には、安倍元総理とともに寿司屋に行っている。

言葉

067

相手の懐《ふところ》に入れば、
その人が経験してきた
人生の一部を見ることができる。
そこで初めて、
影響力を行使できるのです。

『安倍晋三回顧録』より

フィリピンのロドリゴ・ドゥテルテ大統領（当時）もまた、トランプ元大統領と並ぶほどの個性的な大統領だ。麻薬撲滅を公約に掲げて、警察官によって麻薬犯罪者を約6000人殺害するなど、強権的な手法は国際社会から問題視された。ドゥテルテ大統領は元検察官で、その後、ミンダナオ島のダバオ市長となったが、建前だけではダバオの人々を救うことができなかった。ドゥテルテ大統領は安倍元総理との会談で、「子どもたちに麻薬を売り、子どもたちは死んでいく。売人になった子どももいる。誰も救っていないじゃないか。だから私がやるんだ」と繰り返し述べた。一方、安倍元総理は「私は学校の先生のようなことは言わない」として、フィリピンの国内事情に配慮しながらも、「ただ、あなたが超法規的な手段ばかり取っていては、協力できない」と率直に伝えた。相手の立場をよく理解した上で、言うべきことは言う。安倍外交の真髄は、相手への誠実な態度と率直さと言えるだろう。

言葉

068

特定の民族を差別し、
憎悪の対象とすることが、
人間をどれほど残酷なものに
してしまうのかを、
学ぶことができました。

平成27年（2015）、イスラエルのヤド・ヴァシェム（ホロコースト博物館）

平成27年（2015）1月19日に安倍元総理はイスラエルを訪れ、ベンヤミン・ネタニヤフ首相と会談した。このイスラエル訪問で安倍元総理は、ヤド・ヴァシェム（ホロコースト博物館）を訪れ、2分ほどの短いスピーチを行った。安倍元総理は、右記のように述べるとともに、「東洋のシンドラー」と呼ばれ多くのユダヤ人を救った日本の外交官・杉原千畝《ちうね》について触れ、「彼らの勇気に、私たちは倣《なら》いたい」と述べた。このスピーチは、ユダヤ人社会に大きな反響を呼んだ。この2日後、アメリカのユダヤ人団体であるサイモン・ウィーゼンタール・センターは安倍元総理のイスラエル訪問とスピーチを絶賛するプレスリリースを出した。民族問題やジェノサイドはセンシティブな問題であり、それまでの日本の歴代総理が、こうした問題に対して明確な立場を取ることは珍しかった。こうした姿勢によって、安倍元総理はアメリカの政治経済に影響力が強いユダヤ人コミュニティから強く支持されるようになった。

言葉

069

外交で重要なのは、
ルールづくりなんです。
今までは欧米にルールをつくって
もらっていた。日本は優等生で、
ルールに従って言うことを聞いていた。
でも勝負はルールづくりに
参加することなのです。

『安倍晋三回顧録』より

平成30年(2018)、来日したインドのナレンドラ・モディ首相と握手する安倍元総理
提供：PIB/AFP/アフロ

日本の国益を守り、国際社会に貢献するために必要なこととして、安倍元総理は国際ルールづくりへの参加とビジョンの提示を挙げている。平成28年（2016）には、「自由で開かれたインド太平洋」構想を提唱した。インド洋と太平洋を一つの海「インド太平洋」として、第一に法の支配や航行の自由、自由貿易などの普及と定着、第二に経済的繁栄の追求、第三に平和と安定の確保が掲げられた。この「自由で開かれたインド太平洋」構想は安倍外交の最大の功績とも言われる。

言葉

070

この問題は冷凍庫に入れて、凍結しよう。

『安倍晋三回顧録』より

安倍政権の外交戦略には、対中国政策の割合が大きい。経済力を高めて国際的な影響力を強め、力による現状変更を目指す中国は、日本にとって安全保障上も国際秩序からも無視できない存在である。「自由で開かれたインド太平洋」構想は台頭する中国を牽制する意味もあった。中国は安倍元総理の靖國神社参拝を政治問題化するとともに、尖閣諸島への野心を隠さない。中国との外交における駆け引きは、早くも第一次安倍政権発足直後から始まった。中国は靖國神社に参拝しないと明言しなければ首脳会談に応じないという立場だった。安倍元総理は、「私の基本的な考えは、会うために何か条件を呑《の》むことはない」として、靖國神社に行かないことを表明することはなかった。ただし、中国の国内事情にも配慮を示した。平行線をたどる中国との外交問題で安倍元総理が用いたのが、問題を凍結する「冷凍庫路線」だったのである。

言葉

071

外交の基本はリアリズムです。
イデオロギーに基づく外交をやっても、
誰も付いてきてくれません。

『安倍晋三回顧録』より

中国は、アジアとヨーロッパを結ぶ物流ルート構想である一帯一路構想を打ち出した。これは「陸のシルクロード経済ベルト（一帯）」と「21世紀の海上シルクロード（一路）」で構成される。当初、この一帯一路に反対していた日本だったが、平成30年（2018）に安倍元総理は、一帯一路への協力を模索する方向へ転換した。一帯一路構想を進める中国企業は、現地の公共事業を獲得するために政府高官に賄賂を送り、受注する。また現地資源の利権などを担保に融資を行い、開発を行う。日本の援助とは全く異質なもので、そこで受注競争をしても日本は負けてしまう。それならばと、開放性や透明性の確保といった原則を遵守することを前提とした上で協力することに転換したのだ。安倍元総理は、右記のように述べ、「世界の国々は、いかに国益を確保するかを巡ってつばぜり合いをしているわけでしょう。硬直的な考え方にとらわれていたら、結局、国は衰退しちゃいます」と語っている。

言葉

072

日本がタフな外交を展開すると、
敵意ではなく敬意を払ってくれる。

『月刊ＷｉＬＬ』２０２２年２月号

安倍元総理は、歴代の政権とは異なり、中国に対して「強気」な姿勢で臨んだ。態度を硬化する中国はしばしば外交的圧力をかけてきたのに対して、安倍元総理は「対話のドアは常にオープンである」というメッセージを発し続けた。こうした安倍政権の姿勢に中国が折れて実現したのが平成30年（2018）の日中首脳会談だった。安倍元総理はインタビューで「中国という国は短期・中期・長期に分けて、周到に戦略を練っています。外交巧者ゆえに、中国は日本がタフな外交を展開すると、敵意ではなく敬意を払ってくれる」と語っている。そして、「人類の歴史を振り返ると、相手の能力や意志を見誤ることから紛争に発展するケースが多い」として、「中国の軍事力が増している今だからこそ、様々な外交レベルで日本の立場を明確に伝えていくべきです」と主張した。こうしたことから安倍元総理は、尖閣諸島について、日本の確固たる防衛意思を見誤らないように中国側に伝えてきたという。

言葉

073

ご夫妻がみずからの手で
横田めぐみさんを
抱き締める日がやってくるまで
私の政治家としての使命は終わらない、
終えてはならない。

『週刊アサヒ芸能』2012年5月17日号

多くの成果をあげた安倍政権だったが、安倍元総理にとって、最も心残りだったのが北朝鮮の拉致問題が未解決だったことだろう。平成14年（2002）10月15日、羽田空港に拉致被害者5人が帰国を果たした際、娘・横田めぐみさんが拉致された横田さん夫妻は、そこに娘がいないつらさがあったにもかかわらず、涙をこぼして祝福をしていた。平成24年（2012）のインタビューでは、この時の横田夫妻の姿を見た時に、安倍元総理は「ご夫妻がみずからの手で横田めぐみさんを抱き締める日がやってくるまで私の政治家としての使命は終わらない、終えてはならない」と心に固く誓ったという。令和2年（2020）、めぐみさんと再会することなく横田滋さんが87歳で逝去した。安倍元総理はその際の記者会見で、「断腸の思いでありますし、本当に申し訳ない気持ちでいっぱいであります」と無念を述べている。

言葉

074

外交というのは、
まずメッセージが
先になければならない。
交渉はその先の問題である。

文春新書『新しい国へ　美しい国へ 完全版』より

平成29年（2017）、拉致被害者家族と面会するアメリカのトランプ大統領と安倍元総理
写真：代表撮影/AP/アフロ

北朝鮮からの５人の拉致被害者の帰国後も、拉致問題に消極的な姿勢を示す慎重論者が少なくなかった。安倍元総理は、対北朝鮮政策について「対話と圧力」と主張してきた。ところが慎重論者は、圧力、すなわち経済制裁をちらつかすと、北朝鮮が態度を硬化させてしまうと主張した。しかし、安倍元総理は著書で「出すべきメッセージを出さなければ、そもそも交渉にならない。制裁するかもしれないと思わせることによって、困った相手は、はじめてテーブルにつくのである」と述べている。

言葉

075

政治的野心は、いい方向に進めば、
政治家が活力をもって前に進んでいく
原動力にもなりますが、
特に外交の分野などでは、
道を誤る大きな原因の一つにも
なると思います。

『読売ウイークリー』2004年2月22日号

安倍元総理は、「公」の精神を重んじているが、その一方で情熱の重要性も説いている。ところがこの「情熱」は、時として政治的野心となることもある。安倍元総理は、「自分が何かを成し遂げようとしている動機が、政治的野心から発しているのかどうか。自分の心の奥底まで見つめたうえで、いつもぎりぎりまで考えないといけません」と語っている。そして、政治的野心かどうかを考える上で重要な観点が「国益」としている。そして「国益とは、国民の生命と財産、そして未来を守るために、プラスになるかどうかということ」と定義している。相手の懐に飛び込む人間力、ルールづくりへの積極参加とビジョンの提示、そしてリアリズムに基づいて国益を考える「公」の精神、これらこそが安倍外交の「三本の矢」と言えるだろう。

言葉

076

私は、相手を完全に打ちのめす
殲滅戦《せんめつせん》はしません。

『安倍晋三回顧録』より

安倍元総理は、小泉政権時代に自民党幹事長や内閣官房長官といった要職を務めた。その小泉総理（当時）は、平成17年（２００５）に郵政民営化を掲げ、「郵政解散」を行った。小泉総理は郵政民営化に反対した37人の「造反組」に自民党の公認を与えず、さらに選挙区に新たな公認候補者である「刺客」を立てた。この総選挙で自民党は大勝し、多くの「小泉チルドレン」が生まれた。こうした小泉総理の手法について、安倍元総理は郵政民営化が小泉政権における「一丁目一番地」だったとした上で、「日本的な方法ではなかった」と述懐している。翌年、第一次安倍政権が発足すると、造反組は誓約書を出して許しを求めてきた。安倍元総理は批判を覚悟で復党を認めた。安倍元総理は、「私は、相手を完全に打ちのめす殲滅戦はしません。マイナスもありますが、これは性格というか、生き方ですから」と答えている。一方で、第二次安倍政権以降は、人事について私情は捨てるようにした。

言葉

077

人気や評価というのは、
良い方にいったら、
同じくらい悪い方にもいって、
厳しくされるということを
覚悟しなければならない。

『週刊ポスト』2003年10月24日号

小泉政権下で、日朝首脳会談で強硬路線を示し、当選回数3回でありながら自民党幹事長に抜擢された平成15年（2003）、安倍元総理の人気は異様な状態だった。当時の『週刊ポスト』の記事では、安倍元総理が好物と言ったアイスクリームが売り切れるなど、その人気は「社会現象」とも呼べるものだったという。また女性人気が高く、「晋さま」の愛称で呼ばれていたという。こうした人気について、当時の安倍元総理は、「社会現象というのは長続きしませんよね。また、人気や評価というのは、良い方にいったら、同じくらい悪い方にもいって、厳しくされるということを覚悟しなければならない。その辺は、よくわきまえないといけない」と語っている。安倍元総理のこの言葉のとおり、インタビューの3年後の平成18年（2006）、第一次安倍政権が発足した際には、閣僚の失言などが相次いだことによって人気は「悪い方」に行き、厳しい批判にさらされることになった。

言葉

078

偏狭な、あるいは排他的なナショナリズムという言葉は、他国の国旗を焼くような行為にこそあてはまる。

文春新書『新しい国へ　美しい国へ 完全版』より

日本では、偏った戦後教育によって、「愛国心」や「ナショナリズム」は長らくネガティブな意味として使われてきた。安倍元総理は、著書『新しい国へ　美しい国へ完全版』で、「自らが帰属する国が紡いできた歴史や伝統、また文化に誇りをもちたいと思うのは、だれがなんといおうと、本来、ごく自然の感情なのである」と述べている。なぜ、ナショナリズムが必要なのか。安倍元総理は「人間はひとりで生きているわけではないし、ひとりでは生きられない」ため、国は「人が生まれて成長して年をとっていくうえで、切り離せないものとして存在している」からだと言う。そのため、日本の国歌を斉唱することや日の丸を掲げることなどは自然な感情＝健全なナショナリズムであることをたびたび語っている。一方で他国の文化・伝統へのリスペクトを持つことも重要であり、他国の国旗を焼くような行為は「偏狭なナショナリズム」と断罪している。

言葉

079

（核共有について）
世界がどのように
安全が守られているのか、
という現実について、
タブー視することなく
議論しなければならない。

令和4年（2022）、ロシアのウクライナ侵攻を受けて

令和4年（2022）にロシアは突然、ウクライナに軍事侵攻し、ロシア・ウクライナ危機が始まった。国際的な緊張感が高まる中、安倍元総理はこの年のインタビューで、リアリズムに基づいて安全保障におけるタブーなき議論をする必要性を語っている。安倍元総理は、ドイツが核兵器禁止条約の締約国会議にオブザーバーとして参加している一方で、国内にアメリカの核を配備され、その使用にはドイツ軍が用いられている例を挙げ、核抑止力による国際秩序が維持されている現実についてたびたび語っている。安倍元総理は、日本が唯一の被爆国であり、非核三原則を堅持してきた立場を強調した上で、まず「核共有するかどうか」ではなく、世界の平和秩序の現実をタブー視せずに、分析し議論する必要性を説いた。多くの型破りな首脳と交渉し、厳しい国際政治の現実を知っている安倍元総理だからこそ、思考停止に陥ることなく安全保障について考えることの重要性を訴えたのだ。

言葉

080

情報戦略について理想的なのは、内閣がいくつもの情報の「筋」をもつことです。

『Voice』2004年5月号

安倍元総理は、日本における情報機関の問題点、情報収集能力の脆弱性《ぜいじゃくせい》について早くから危機感を持っていた。平成16年（2004）のインタビューでは、北朝鮮が平成14年（2002）の日朝平壌宣言に署名したにもかかわらず、ウランの濃縮を進めていたことが、アメリカから提供された情報でわかったことを挙げ、「独立した情報機関のほかに、防衛庁（当時）や外務省など何本かの筋があって、それを内閣が束ねる。いまもそれに似たかたちになっていますが、もう少し体系立ったシステムをつくる必要がある」と訴えた。平成25年（2013）、安倍元総理は、情報の保全のために特定秘密保護法を成立させ、情報の分析と対外政策の方向性を決める国家安全保障会議（日本版ＮＳＣ）を設置した。さらに情報を収集する内閣情報調査室や警察庁の外事情報部などの組織だけでなく、独立した情報機関の設置を目指したが、これは実現せず、総理辞任後もたびたびその必要性に言及している。

安倍元総理は、政治家としての剛腕
と人としての愛嬌を兼ね備えていた。
写真：山本皓一

第5章

政治・政策

言葉

081

「実行なくして成長なし」。
アクションこそが、私の成長戦略です。
（中略）世界経済回復のためには、
3語で十分です。「Buy my Abenomics」

平成25年（2013）、アメリカ・ニューヨーク証券取引所

アメリカのニューヨーク証券取引所で投資を呼びかける安倍元総理
写真：AP/アフロ

安倍元総理の代名詞と言えば「アベノミクス」だろう。アベノミクスはメディアがつくった造語で、大胆な金融政策、機動的な財政政策、民間投資を喚起する成長戦略の「三本の矢」による経済政策だ。第一の矢である大胆な金融政策は、これまで日本では行われてこなかった手法である。アベノミクスの実践によって、雇用が創出され、日本経済は上向いた。こうした中で行われたアメリカ・ニューヨーク証券取引所でのスピーチで安倍元総理は、「Buy my Abenomics」と力強く語った。安倍元総理が日本の復活を高らかに宣言した瞬間である。

言葉

082

約100年前、権威ある物理学者が
「空気より重い空飛ぶ機械は不可能である」
と断言したわずか8年後、
ライト兄弟が初の有人飛行に成功しました。
絶え間のないイノベーションが
人類の将来の可能性を切り拓き、
成長の大きな原動力になります。

平成19年（2007）、施政方針演説

平成18年（2006）に首相の座に就いた安倍元総理は、アベノミクスに合わせて、長期的な成長戦略も早々に打ち出している。翌年最初の通常国会における施政方針演説では、イノベーション戦略の重要性を訴え、「イノベーション25」という戦略指針を策定した。このイノベーションはその後、安倍政権における成長戦略の目玉となった。こうして、革新的研究開発推進プログラムや戦略的イノベーション創造プログラムといった大型の研究プロジェクトが、国によるトップダウン方式で進められた。イノベーションへの注力は、その後も継続され、平成30年（2018）には、「J-Startup（ジェイスタートアップ）」が始まる。これは経済産業省が立ち上げたスタートアップ・ベンチャー企業支援プロジェクトだ。このスタートアップ育成の取り組みは、のちの岸田政権にも引き継がれている。

言葉

083

先が見通せない局面では、
何よりも国民の不安を
払拭することが大事です。
（中略）経済を止めれば死者も出る。
それは絶対に避けなければならない。

『安倍晋三回顧録』より

アベノミクスの最終成果が出る目前に起きたのが、令和元年（２０１９）12月に中国の武漢市で発生し、その後、世界中に広がった新型コロナウイルス感染症の流行である。かつてない世界規模でのパンデミックに対して、安倍政権は多くの厳しい決断を迫られるようになった。感染者や濃厚接触者の隔離、ＰＣＲ検査の実施、医療機関の受け入れ体制の整備、学校の一斉休校など、安倍政権は新型コロナウイルス感染症対策に翻弄されることになった。安倍政権は一人あたり一律10万円の給付を行ったが、「ポピュリズム」という批判も出た。これに対して安倍元総理は、「パニックを回避し、強制力のない政府の要請に付いてきてもらうためには、民の歓心を買わなきゃいけない政策だってある」として、右記のように続けた。ギリギリの選択の中で国民の生命と財産を守るために、安倍政権では唯一とも言えるポピュリズムが行われたのである。

言葉

084

我が国が直面する最大の危機は、日本人が自信を失ってしまったことにあります。

（中略）この演説をお聴きの国民一人ひとりへ訴えます。何よりも、自らへの誇りと自信を取り戻そうではありませんか。

平成25年（2013）、所信表明演説

第二次安倍政権が始まった翌月の平成25年（2013）1月28日の通常国会で、安倍元総理は所信表明演説を行った。「国民の生活が第一」を標榜した民主党政権だったが、約3年3ヶ月の間に「政治主導」は空回りし続け、164項目あったマニフェストで実現したのは3分の1に満たない50にとどまった。東日本大震災が発生した中での増税、TPP協定や普天間基地移設問題における日米関係の毀損、株価の低迷や低い雇用率など、日本人のプライドは大きく損なわれた。そのような中で、安倍元総理は、戦後の焼け野原から復興した日本を引き合いに出し、「日本経済の状況は深刻であり、今日明日で解決できるような簡単な問題ではありません。しかし、『自らの力で成長していこう』という気概を失ってしまっては、個人も、国家も、明るい将来を切り拓くことはできません」と述べ、「自らへの誇りと自信を取り戻そうではありませんか」と訴えた。

言葉

085

日本が世界の国々から信頼され、
尊敬され、子どもたちが
日本に生まれたことを誇りに思える
「美しい国、日本」を創っていく。

平成18年（2006）、記者会見

第一次安倍政権の要職を務めた人々は、第二次安倍政権でも安倍元総理を支えた。
写真：ロイター/アフロ

基本的に歴代政権は「一内閣一仕事」で、一つの成果をあげることを目指してきた。「失敗」と批判されることもある第一次安倍政権だが、わずか1年の政権運営で多くの功績をあげた。第一次安倍政権は「美しい国創り」と「戦後レジームからの脱却」を標榜した。そこで達成したのが、歴代の自民党政権ができなかった教育基本法の全面改正、防衛庁の省への昇格、憲法改正のための法制度である国民投票法などである。第二次安倍政権以降の功績に目が行きがちだが、「美しい国」の基礎はすでに第一次安倍政権で築かれていたのである。

言葉

086

主役は、地方。
目指すは、世界であります。

平成28年（2016）、所信表明演説

平成28年（2016）7月10日に行われた参議院議員通常選挙では自民党は前回を上回る議席を獲得した。この年9月の臨時国会における所信表明演説で、安倍元総理は、「これからの成長の主役は、地方。目指すは、世界であります」と述べ、地方創生を目標の一つに掲げた。その内容は「観光立国」「農政新時代」「世界一を目指す気概」の三つからなる。第二次安倍政権が発足した平成24年（2012）の訪日外国人旅行者数は約836万人だったが、コロナ禍前の令和元年（2019）には3188万人まで増加した。また平成25年（2013）には「和食」がユネスコの無形文化遺産に登録された。今日では、和食は世界的に人気となり、日本酒をはじめ日本の食材の輸出も増えている。今日の「日本ブーム」は安倍政権によって本格的に始まったと言ってもいいだろう。

言葉

087

日本は、
アジアの若者にとって、
夢を見る場所、
夢を形にする場所で
なくてはならない。

平成27年（2015）、早稲田大学・大隈講堂

平成27年（2015）3月18日、安倍元総理は早稲田大学の大隈講堂で早稲田大学の学生を前にスピーチを行った。安倍元総理の講演に先立ち、新任の駐日アメリカ大使でジョン・F・ケネディの長女キャロライン・ケネディ氏がスピーチを行っていた。また、大隈講堂では昭和37年（1962）にジョン・F・ケネディの弟ロバート・ケネディが学生と討論した過去があった。安倍元総理は早稲田大学がアジアの多くの国から留学生を受け入れていることに触れ、アジア各国での早稲田大学の知名度の高さを紹介した。そして、アメリカ国民に夢を見させ、差別撲滅に尽力したジョン・F・ケネディと早稲田大学の精神を重ね、「日本は、アジアの若者にとって、夢を見る場所、夢を形にする場所でなくてはならない」とし、「それは、JFKが残してくれたレガシーに、正しく報いる道だと信じます」と結んだ。

言葉

088

2009年、私たちは野党に
転落しました。あの時は、
本当に厳しい時代でありました。
ここにいる同僚議員も含めて、
あの時代を共にした、
すべての自民党議員の胸に
深く刻まれていると思います。

平成29年（2017）、記者会見

平成29年（2017）10月22日の衆議院議員総選挙で自民党は大勝し、これを受けて翌日、安倍元総理は記者会見に臨んだ。安倍政権はすでに5年目を迎え、官邸主導は確立し、スムーズな政権運営が行われるようになっていた。そのような中で、安倍元総理はかつて自民党が政権を奪われた平成21年（2009）のことに触れ、「私たちは、有権者の皆様の声に耳を傾けるところから、スタートしました。『国民が何を望んでいるか』に真摯《しんし》に向き合い、党内で大いに議論し、政策を磨き上げてきました」と語った。そして、「この5年間、ひたすらに実行することによって、一つひとつ結果を出してまいりました」とした上で、「あの5年前の政権奪還の時の、初心を忘れることなく、（中略）国民の負託に応えるため、ひたすらに、政策の実行に邁進していく」と決意を述べた。第一次安倍政権では、閣僚の失言などの脇の甘さから政権を手放すことになった。こうした反省を、安倍元総理は常に持ち続けたのである。

言葉

089

あの戦争には何ら関わりのない、
私たちの子や孫、
そしてその先の世代の子どもたちに、
謝罪を続ける宿命を
背負わせてはなりません。

平成27年（2015）、戦後70年談話

戦後70年談話を閣議決定し、記者会見を受ける安倍元総理
写真：AFP/アフロ

平成27年（2015）、戦後70年目の終戦の日の前日、安倍元総理は「戦後70年談話」を発表した。戦後50年の年に発表された村山談話では、日本によるアジア諸国の植民地支配を認め、公式に謝罪の意を示したものだった。これに対して、安倍元総理は『安倍晋三回顧録』で、「村山談話の間違いは、善悪の基準に立って、日本が犯罪を犯したという前提で謝罪していることです。（中略）当時の世界はどうだったのか、という視点がすっぽり抜けている」と指摘した。戦後70年談話は、これからの日本を見据えたものだったのである。

言葉

090

自国の民を救うために、
他国の情報機関を頼らざるを得ない、
これはやはりおかしい。
国家として問題です。

『安倍晋三回顧録』より

平成25年（2013）12月6日、安倍政権は特定秘密保護法を成立させ、翌年12月10日に施行された。特定秘密保護法は、防衛、外交、スパイ防止、テロ防止の4分野で、安全保障に関する政策や自衛隊の情報のうち、重要な情報を特定秘密に指定し、流出を防止するための法律である。なぜ情報を保護する必要があるのか。海外から入手した機密情報を日本が厳重に管理できていなければ、外国から情報の提供が滞ったり、レベルが低い情報しか提供されないためだ。安倍元総理は、「海外の情報機関も、命を懸けて情報収集に当たっているわけですよ。その情報をください、というのは簡単なことではない」と語っている。日本における機密保護が徹底してこそ、海外からの情報機関の協力を得られるのである。特定秘密保護法は旧治安維持法の再来として、施行に反対する大規模なデモが起きたが、的外れな批判だったと言えるだろう。

言葉

091

台湾有事は日本有事であり、日米同盟の有事でもある。

令和3年(2021)、台湾の民間シンクタンク「国策研究院」のシンポジウム(オンライン参加)

安倍元総理が長年にわたって交流を持ち、尊敬した政治家に台湾の李登輝《りとうき》元総統がいる。安倍元総理が李元総統に初めて会ったのは平成6年（１９９４）で、自民党青年局の一員として台湾を訪れた時のことだ。令和2年（２０２０）7月30日、97歳で李元総統が亡くなると、安倍元総理は哀悼の意を表明。首相辞任後は、政治状況が許せば台湾を訪れて李元総統のお墓参りをすることを願っていたという。その後、昭恵夫人が李元総統のお墓参りを、李元総統の次女・安妮《あんに》さんが安倍元総理のお墓参りをしている。

安倍昭恵夫人と令和6年（2024）に台湾の総統となった頼清徳氏。写真は令和5年（2023）に撮影されたもの。
写真：山本皓一

言葉

092

小泉総理はやや副作用も伴うかもしれない劇薬も含むお薬ではないかと、私は、漢方薬のようにじわじわと効いていって、気が付いたらやはりかなり成果が出ているというラインでいきたい。

平成19年(2007)、参議院予算委員会

小泉政権で、自民党幹事長や内閣官房長官といった要職を務めた安倍元総理だが、その2人の政治手法は大きく異なっている。小泉元総理は「小泉劇場」と呼ばれた政治手法で、「自民党をぶっ壊す」「私に反対するのは、すべて抵抗勢力だ」といったパワーワードを用い、敵・味方を明確に分けて、政権運営を行った。これに対して、安倍元総理はパフォーマンス的な政治手法はほとんど用いず、政策の実行力にこだわった。小泉元総理との違いについて、安倍元総理は「私は小泉総理とはスタイルが大分違うわけでありまして、小泉総理はやや副作用も伴うかもしれない劇薬も含むお薬ではないかと、私は、漢方薬のようにじわじわと効いていって、気が付いたらやはりかなり成果が出ているというラインでいきたい」と語った。しかし、第一次安倍政権は成果をあまりアピールしなかったことから、短期政権に終わった。そのため、第二次安倍政権以降は、実績を内外にしっかりとアピールするようになった。

言葉

093

今、日本で最も生かしきれていない
人材は、実は女性なんですよ。

『婦人公論』2014年1月22日号

自民党四役に女性2人が起用されたのは初めてのことだった。
写真：ロイター/アフロ

安倍元総理が掲げた三本の矢の三本目に当たる「成長戦略」で重要視されたのが、女性政策である。「成長戦略」では、「女性が輝く日本へ」というスローガンを掲げ、「待機児童の解消」「職場復帰・再就職の支援」「女性役員・管理職の増加」を目指すものだった。第二次安倍政権時の自民党の総務会長と政調会長には女性が起用された。党四役のうち2人を女性が占めるのは初めてのことだった。また戦後2人目となる女性事務次官、初の女性県警本部長も誕生し、総理秘書官にも女性が登用された。

言葉

094

育児もひとつのキャリアです。
子育てを経験した女性ならではの
目線は、新たな商品やサービスを生む
可能性に満ちている。

『婦人公論』2014年1月22日号

平成27年（2015）9月、安倍元総理は、アベノミクスの第2ステージ「新・三本の矢」を発表し、「一億総活躍社会」を目指すことを宣言した。その内容は、希望を生み出す強い経済（経済政策）、夢をつむぐ子育て支援（少子化・女性政策）、安定につながる社会保障（高齢化対策）の三つだ。新・三本の矢は経済政策と少子高齢化対策を合体させたものである。これまでの政権における女性政策は、福祉的な側面が強かったが、安倍政権の女性政策は成長戦略としての側面も併せ持っている点が特徴だ。この前年のインタビューで、安倍元総理は、世界経済フォーラムによる男女平等度ランキングで日本の順位が低いことに対して、「それだけ可能性が残っている、ということでもあるんですね。私は女性が高い能力を発揮することにより、日本は再び成長軌道を描くことができるはずだと信じています」と、日本の成長のために女性が活躍できる社会を実現する重要性を述べている。

言葉

095

政治の世界では、
「貫く」ということが
意外に難しいのだけど、
困難な状況でも、
女性は揺るがない。

『婦人公論』2014年1月22日号

女性政治家の特徴について、安倍元総理は「タフで打たれ強い。意志が固いですね」と語り、その代表例として、イギリスのマーガレット・サッチャー元首相を挙げた。平成25年（2013）4月8日に87歳でサッチャー元首相が逝去すると、安倍元首相は哀悼の意を表明し、「いかなる困難にあっても、意志の力を身を持って示した偉大なリーダー。国家国民のためにすべてを捧げた尊敬すべき政治家」と評している。

安倍政権は指導的地位に女性が占める割合を30％以上にする目標を掲げた。そして、平成27年度（2015）から国家公務員採用の3割以上を女性にするように指示した。令和5年度（2023）の国家公務員採用者の女性が占める割合は、38・7％となっている。女性の社会進出・復帰はいまだ不完全ではあるが、安倍元総理の女性政策によって確実に前に進んだのである。

言葉

096

核のボタンに手をかける可能性が
ゼロだとは言えない。
（中略）それを躊躇《ちゅうしょ》させなければ
いけないのが、政治の責任です。

『安倍晋三回顧録』より

安倍元総理がメディアから多くの批判を浴びながらも断固として実行したのが、集団的自衛権の憲法解釈の変更である。憲法解釈の変更は、政権を奪還した平成24年（2012）の衆議院議員総選挙の公約として掲げられていた。集団的自衛権は国連憲章で加盟国に認められている権利で国際法上問題ない。ところが内閣法制局は憲法上認められないとする主張を繰り返していた。平成25年（2013）7月に参議院議員通常選挙で自民党が勝利すると、安倍元総理は内閣法制局長官を替え、集団的自衛権の行使容認を閣議決定した。この決定をメディアや野党などは一斉に批判をした。安倍元総理が集団的自衛権にこだわった理由は、非情な国際政治の現実と強い危機感があったからだ。安倍元総理は、「北朝鮮の金正恩国務委員会委員長が、核のボタンに手をかける可能性がゼロだとは言えない。1か月後かもしれないし、1年後かもしれない。それを躊躇させなければいけないのが、政治の責任です」と述べている。

言葉

097

二カ月の議論を経てとりまとめられた「自由民主党新宣言」の案には、自主憲法制定の文字はなかった。（中略）わたしはとうてい納得できなかった。

文春新書『新しい国へ　美しい国へ 完全版』より

安倍元総理が目指した悲願が、憲法改正、すなわち自主憲法の制定である。戦後につくられた憲法は、連合国軍最高司令官総司令部（GHQ）のスタッフによるものであり、さまざまな問題点が指摘されている。自主憲法の制定は安倍元総理の政治家としての原点でもある。1990年代にとりまとめられた「自由民主党新宣言」に自主憲法制定の文字がなかった。安倍元総理は、当時1年生議員だったが、同じ意見を持つ仲間たちと猛反対し、「二十一世紀に向けた新しい時代にふさわしい憲法のあり方について、国民と共に議論を進めていきます」という文言が加えられることになった。平成19年（2007）には、憲法の改正手続についての法整備が行われ、国民投票法が成立した。また、自民党は平成17年（2005）と平成24年（2012）に新憲法の草案を作成している。安倍元総理の約30年間の政治活動によって憲法改正の道筋は確かに敷かれたのである。

言葉

098

自民党もまた戦後社会の「呪縛《じゅばく》」によって、その行動、思考範囲が限定されていたのだと思います。

『Voice』2005年8月号

第一次安倍政権が誕生する以前の1990年代まで、憲法改正や集団的自衛権、防衛費の拡大などは、タブーとして表立って議論されてこなかった。安倍元総理は平成17年（2005）のインタビューで、こうした状況を戦後社会の「呪縛」と語っている。安倍元総理は、この呪縛は「敗戦」と「戦前的なものへの反発」によるものとして、「戦後の日本には戦争への深刻な反省と同時に、恐怖感にも似た国家へのアレルギー反応が生まれた」と分析している。安倍元総理は、戦後生まれとして初の総理大臣となったが、こうした「敗戦」と「戦前的なものへの反発」という呪縛がなかったことが大きい。また、祖父の岸信介元総理も安保改正を実現した人物である。こうしたバックボーンがあったからこそ、日本の安全保障政策を大きく進めることができたと言えるだろう。

言葉

099

「挫折は大いなるキャリアである」。
私の確信です。

首相官邸Facebookより

平成25年（2013）、安倍元総理は引きこもり、事故、破産といった挫折を経験し、再チャレンジに取り組んでいる人たちと会談し、Facebookで右記のように発信した。「再チャレンジ」は安倍元総理の政策のさまざまなところに反映されている。安倍元総理は、著書『新しい国へ　美しい国へ　完全版』で、まず競争は公平公正でフェアでなければいけないとした上で、「競争の結果、ときには勝つこともあれば負けることもあるが、それを負け組、勝ち組として固定化、あるいは階級化してはならない」とし、「一回の失敗で人生の決まる単線的社会から、働き方、学び方、暮らし方が複線化された社会に変えていきたい」と述べている。そして、人生のあらゆるシーンで再チャレンジができる社会を目指した。再チャレンジは安倍元総理が描いた日本の成長戦略にも深く関わっている。少子高齢化で人口が減少していく中で経済成長していくためには、あらゆる人材が必要となってくるためだ。

言葉

100

歴史戦で厄介なのは、
日本の〝内側〟に敵がいることです。
後ろから撃たれる。

『月刊Hanada』2022年6月号

従軍慰安婦問題、徴用工問題、いわゆる「南京事件」の世界記憶遺産への登録など、中国や韓国は日本に対して過去の歴史を外交カードとして用いる「歴史戦」を仕掛けてくる。こうした「反日アピール」は中韓の国内でも支持される。ところが日本の場合、安倍元総理がこうした中韓の「反日」政策に反発すると、「右翼」「軍国主義者」といったレッテルを貼られ、メディアや野党、左翼勢力からバッシングを受けることになった。過去の歴史認識について、日本側が一枚岩ではないことに歴史戦の難しさがあると言える。安倍元総理は、イスラエルのホロコースト博物館で講演を行い、ユダヤ人コミュニティからの信頼を得た（154ページ参照）。韓国の反日団体などは、海外で日本とナチスを同一視する宣伝を行っているが、ナチスの被害者であるユダヤ人の多くは、こうした韓国の姿勢に不快感を持っていることを安倍元総理に伝えたという。安倍元総理は戦後70年談話の発表などとともに外交の現場でも歴史戦に対抗したのである。

令和5年（2023）、安倍昭恵夫人は蔡英文総統を表敬訪問のため台湾を訪れた。写真は台湾・高雄市に建立された安倍晋三元総理の銅像。
写真：山本皓一